María do Mar Castro Varela & Bahar Oghalai

Freund*innenschaft

Dreiklang einer politischen Praxis

resistance & desire #3

AF640943

UNRAST

Band 3 der Reihe ›resistance & desire‹,
herausgegeben vom *bildungsLab**

Das *bildungsLab** setzt sich zusammen aus migrantischen Akademikerinnen* und Akademikerinnen* of Color, die im pädagogisch-kulturellen Raum tätig sind. Sie vermitteln und produzieren Theorie, diskutieren pädagogische und künstlerische Vorstellungen, Konzepte und Paradigmen. Sie kommentieren, intervenieren und publizieren im Feld der rassismus- und hegemoniekritischen Bildung und Vermittlung.

María do Mar Castro Varela & Bahar Oghalai

Freund*innenschaft

Dreiklang einer politischen Praxis

resistance & desire #3

UNRAST

Bibliografische Information der Deutschen Bibliothek
Die Deutsche Bibliothek verzeichnet diese Publikation in der Deutschen Nationalbibliografie; detaillierte bibliografische Daten sind im Internet unter https://dnb.de abrufbar.

María do Mar Castro Varela & Bahar Oghalai:
Freund*innenschaft
4. Auflage, April 2026
ISBN 978-3-89771-207-2

© UNRAST Verlag, Münster 2023
www.unrast-verlag.de | kontakt@unrast-verlag.de
Mitglied in der assoziation Linker Verlage (aLiVe)

Umschlag: Tasnim Baghdadi, Zürich
Satz: Unrast Verlag, Münster
Druck: Multiprint, Kostinbrod

Der Verlag behält sich die Verwertung der urheberrechtlich geschützten Inhalte dieses Werkes für Zwecke des Text- und Data-Minings nach § 44 b UrhG ausdrücklich vor.

Inhalt

Vorwort zur 2. Auflage

Es ist kaum einige Monate her, dass unser Essay in der ersten Auflage erschienen ist und wir freuen uns sehr, dass das Thema so großen Anklang gefunden hat, dass diese bereits vergriffen ist.

Gleichzeitig erscheint die 2. Auflage in einer Zeit, die mehr denn je die Fragen nach einer gelingenden Freund*innenschaft und ihrer politischen Bedeutung aufwirft.

Der Sommer ist in Berlin zu Ende, der Winter hat schon begonnen. Die Tage sind kurz. Die steigende Erhitzung des Planeten ist überall auf der Welt zu spüren: Ganze Landstriche drohen zu verwüsten, Unwetterwarnungen sind zu Gewohnheit geworden, Gewässer kippen. Doch die Proteste gegen die Tatenlosigkeit vis-à-vis des klimatischen Wandels werden weltweit zunehmend kriminalisiert. In den Metropolen wie Berlin wird es für viele Menschen immer schwieriger eine Wohnung zu finden. Die Armut nimmt zu und wird gleichzeitig verdrängt. Gleichzeitig erschüttern Kriege viele Teilen dieser Welt. Die Grenzziehungen zwischen unterschiedlichen sozialen Gruppen werden dabei so scharf gezogen, dass manchmal nicht einmal mehr ein Mensch auf der anderen Seite gesehen werden kann. Hass und Ressentiments verdrängen die jetzt so wichtige Empathie und verhindern das notwendige Verstehen. Viele Regierungen nutzen ihr Gewaltmonopol, um ihre Bürger*innen auf einer ihnen opportunen politischen Linie zu halten. Immer wieder wird von demokratisch legitimierten Regierungen internationales Recht gebrochen und die Menschenwürde mit Füßen getreten, während rechte Parteien in immer mehr Ländern die Regierungsgewalt innehaben. Wer wählt diese? Und wie kann dieser Trend gebrochen werden? Das soziale und politische Szenario ist bestenfalls ernüchternd und deprimierend.

Es sind Zeiten in denen Freund*innenschaften als politische Praxis dringend neu gedacht werden muss. Wie können Verbindungen zwischen Menschen hergestellt werden, die gelernt haben, sich als Feind*innen zu begegnen? Wie kann eine Kultur der Sorge etabliert werden, bei der es nicht um die eigenen partikularen Interessen geht, sondern im Gegenteil um die der ›Anderen‹? Wie eine Welt imaginieren, in der kollektive Trauer zu einer Kraft wird? Wie sind die (historischen) Traumen und Retraumatisierungen zum Sprechen zu bringen? Wie das Schweigen brechen und das Schweigen zulassen?

Freund*innenschaft ist immer auch Transgression: das Selbst wird überschritten, wie auch zugelassen wird, dass eine andere Person mir zu Nahe tritt. Es ist eben diese erschütternde Erfahrung der Transgression, die unerlässlich ist, wollen wir einer Ethik Platz einräumen, die es möglich macht, dort für Gerechtigkeit einzutreten, wo die Mehrheit keine moralischen Probleme sieht.

Freund*innenschaft, ihre poetische und erotische Kraft, können helfen unseren moralischen Kompass zu richten. So unsere Hoffnung in Zeiten großer Zweifel.

Los Angeles/Berlin, 19.10.2023
María do Mar Castro und Bahar Oghalai

Vorwort

Dies ist der dritte Band aus der Reihe *resistance & desire* herausgegeben vom bildungsLab* (bLab*). Wir widmen uns hier einer Fragestellung, die auch in den vielfältigen Gesprächen im bLab*-Kollektiv immer wieder auftaucht: Sind politische Gruppen wie das bLab* ein Zusammenschluss von Freund*innen und wenn ja, wie könnte das Spezifische jener politischen Gruppen, die *wie* Freund*innenschaften funktionieren, umschrieben werden? Die Idee zu unserem Essay begann mit einem Vortrag auf einer Tagung in Berlin, zu der wir von Žaklina Mamutovič in 2021 eingeladen wurden. Die Keynote, so der Wunsch der Organisator*innen, sollte einen Einblick geben in das Konzept der Allyship (Verbündetenschaft). Allyship avanciert in den letzten Jahren innerhalb des politischen Aktivismus' immer mehr zu einem wichtigen Konzept. Sie verspricht, eine Zusammenarbeit zwischen gesellschaftlichen Mehrheits- sowie marginalisierten Gruppen zu ermöglichen. Die Vorbereitungen zum Vortrag gingen mit umfangreichen Recherchen einher, wobei wir in der Auseinandersetzung mit Allyship feststellten, dass für uns der Begriff der Freund*innenschaft ein interessantes Potential hat. Immer wieder haben wir Freund*innenschaft als soziales Phänomen und als Konzept diskutiert: Was ist der Unterschied zwischen Allys (Verbündeten) und Freund*innen? Können Allys auch Freund*innen sein? Oder ist es vielleicht umgekehrt: Können nur Freund*innen Allys sein? Schnell wurde uns klar, wie oft über Freund*innenschaft in politischen Zusammenhängen gesprochen wird und wie wenig politisch Freund*innenschaft den meisten dennoch erscheint. Wir gingen diesem Widerspruch nach und befinden uns seitdem auf der Suche nach Auseinandersetzungen mit dem Thema. Wir wurden schnell fündig und das Interesse am Thema stieg. Der nun hier vorliegende Essay stellt unsere ersten sortierten Gedanken zu *Freund*innenschaft als politische Praxis* vor. Wir hoffen, dass viele Leser*innen sich in unseren Worten wiederfinden und der Text sie dazu animiert, Freund*innenschaften zu überdenken, zu erneuern und zu erhalten. Und natürlich hoffen wir auf Kritik und Debatte, denn wir verstehen Konzepte nicht als in Stein gemeißelt, sondern eher als wacklige Hilfskonstruktionen, die uns dabei behilflich sein können, zu denken, die Welt (besser) zu verstehen und in festgefahrene politische und soziale Strukturen (sinnvoller) einzugreifen. Denn politische Praxis bedarf der Begriffe und Konzepte, um wirksam zu werden.

Wir danken Žaklina Mamutović für ihre Freund*innenschaft und dass sie uns einen Raum eröffnet hat, um unsere Gedanken zu entfalten, zu exponieren und zu diskutieren. Unser Dank gilt aber auch dem bLab*, einer Gruppe, die sich als Kollektiv beschreibt, obschon und gerade weil das Kollektiv in den letzten Jahren eher in Verruf geraten ist, während die Individualität hoch im Kurs zu sein scheint.

So schreiben wir diesen Essay, während im Iran eine Revolution im Gange ist und nach einer unseligen Debatte um die documenta fifteen (d15). Die documenta, die größte und wohl auch eine der bedeutendsten Ausstellungen moderner Kunst weltweit, wurde 2022 zum ersten Mal von einem Kollektiv kuratiert: das indonesische Künstler*innenkollektiv *ruangrupa*. Die d15 war die erste documenta[1] nach oder eher während der Pandemie, denn noch immer verbreitet sich das Virus, auch wenn in fast allen Län-

---

1 Die *documenta* ist die weltweit bedeutendste Ausstellung für zeitgenössische Kunst und findet alle fünf Jahre in Kassel statt. Die erste documenta wurde 1955 veranstaltet und ging auf die Initiative von Arnold Bode zurück. Standort der documenta ist Kassel. Die d15 fand vom 18. Juni bis zum 25. September 2022 statt. Immer wieder kam es zu Auseinandersetzungen um einzelne Exponate oder um die documenta als Ganzes.

dern dieser Welt so getan wird, als sei die Pandemie vorbei. Es ist aber auch die erste documenta, die von einem Kurator*innenteam organisiert wurde. Das Kollektiv steht in diesem Zusammenhang symbolisch gegen die Erhöhung einer zunehmenden Individualisierung, die Teil eines neoliberalen Regimes ist. Das unkritische Feiern der individuellen Leistung verspricht einen ungebremsten Wettbewerb und überwindet eine Drosselung von Effizienz, die sich aus Empathie und Sorge um die anderen ergeben würden. Das Kollektiv dagegen verweist auf die Notwendigkeit, Gemeinschaft, Zusammengehörigkeit, Verbundenheit und auch Beziehungen neu zu denken.

Das bLab*, welches in 2017 im Rahmen des Projekts *Schools of Tomorrow* des Hauses der Kulturen der Welt (HKW) in Berlin gegründet wurde, versteht sich als ein kritischer Diskursraum (siehe bLab* 2021). Wir kommentieren das Hier und Jetzt, ohne diese Kommentierung als dogmatische Meinung zu verstehen. Widerspruch ist nicht nur erwünscht, sondern wird gesucht. Das Kollektiv erweist sich als ein Netzwerk diverser Freund*innenschaften. Anders als in manchen Empowerment-Gruppen nehmen Kritik und offener Austausch eine wichtige Rolle ein. Gewissermaßen funktioniert das bLab* wie eine Freund*innengruppe, die sich politisch versteht. Es war somit unausweichlich, dass einer der Bände in der vom bLab* herausgegebenen Reihe *resistance & desire* das Thema Freund*innenschaft aufnimmt. Doch auch wenn das bLab* ein wichtiger Impuls war, so wird hier dasselbe weder beschrieben, noch werden die Vorstellungen, die dort zu Freund*innenschaft kursieren repräsentiert. Das bLab* ist lediglich der Resonanzraum unserer hier präsentierten Gedanken.

Wir danken dem Unrast Verlag, der trotz Inflation – und den damit einhergehenden finanziellen Schwierigkeiten – jeden Band der bLab*-Reihe mit bemerkenswerter Einfühlsamkeit und Sachverstand betreut.

Und selbstverständlich danken wir unseren Freund*innen-auch außerhalb des bLab*: den aktuellen, denen, die es mal waren und denen, die es sein werden.

1 Einleitung

> »Es ist nicht einfach, einen Begriff von Ethik, einschließlich Schlüsselbegriffen wie Freiheit und Verantwortlichkeit, angesichts ihrer diskursiven Aneignung zu verteidigen.« (Butler 2015: 14)[2]

Soziale Gerechtigkeit und eine planetarische Zukunft sind die Ziele, doch wie und mit *wem* sind sie zu erreichen? Eine Debatte über politische Organisierung kann ohne eine Debatte über das Verhältnis der Beteiligten zueinander und eine Entscheidung über den Umgang, den sie miteinander pflegen wollen, nicht geführt werden. Es handelt sich hierbei keineswegs um Randfragen, die neben den angeblich zentralen politischen Diskussionen geführt werden – vielmehr haben wir es mit genuin politischen Themen zu tun, die im Zentrum einer jeden sozialen Bewegung stehen. Politische Bewegungen werden durch das spezifische Zusammenkommen von Menschen und die Beziehungen, die diese über kurze oder lange Stecken zueinander aufbauen, zentral und wirksam. In ihrem 2015 erschienenen Buch *Notes Toward a Performative Theory of Assembly* schreibt Judith Butler über den notwendigen kollektiven Moment von Protest. Butlers Fokus liegt dabei auf der Dynamik öffentlicher Versammlungen, die als plurale Formen performativen Handelns verstanden werden. Unter anderem gelingt es Butler hier, die Theorie der Performativität, so wie sie in *Gender Trouble (1990)* eingeführt wurde, über Sprechakte hinaus auf die konzertierten Aktionen des Körpers zu übertragen. Die verkörperten Formen des Zusammenkommens, die Proteste auf der Straße, die politischen Meetings, Demonstrationen, Blockaden oder auch Die-ins, lassen ein neues Verständnis des öffentlichen Raums in Erscheinung tre-

2 Wenn nicht anders gekennzeichnet, wurden die Zitate im Text von den Autor*innen ins Deutsche übersetzt.

ten. Versammlungen, so Butler, »entstehen unerwartet und lösen sich unter freiwilligen oder unfreiwilligen Bedingungen auf, und diese Vergänglichkeit ist (...) mit ihrer ›kritischen‹ Funktion verbunden« (Butler 2015: 7). Das Kollektiv des Protests ist immer prekär und fragil. Die Spontaneität bei seiner Entstehung korrespondiert mit dem unausweichlichen Auflösen desselben, das nicht vorauszuplanen ist. Die Teilnehmenden von Protesten kennen sich oder auch nicht. Sie sind Gleiche und Fremde. Für eine begrenzte Zeit bilden sie eine Gemeinschaft, um kurz danach wieder in kleinere Gruppen und Einzelpersonen zu zerfallen. Dies ist eine bedeutsame Theorie in einem Jahrzehnt, das als Protest-Jahrzehnt beschrieben wird. Nicht zuletzt die anhaltenden Proteste im Iran zeigen, wie Körper auf der Straße, die sich zusammenschließen und gemeinsam Widerstand gegen ein Regime leisten, das ihre Körper diversen Repressalien aussetzt und ihre Freiheit in vielfältiger Weise einschränkt, Stärke und eben auch Zusammengehörigkeit dokumentieren. Die verbündeten Körper werden als widerständig wahrgenommen, auch weil sie auf der Straße zusammenstehen. Solidarität scheint sie nicht nur zu binden, sondern verhilft auch dazu, soziale wie auch politische Grenzen zu überschreiten. Die Proteste erscheinen als Heterotopien, an denen sich Menschen unterschiedlichen Glaubens, Alters, Geschlechts, Klasse und Befähigungen treffen. Orte, an denen Diversität nicht gefordert werden muss, sondern sich schlicht spontan und ungefragt herstellt. Wir beschreiben diese Orte als fragile Kontaktzonen. Proteste sind für eine Auseinandersetzung mit Freund*innenschaft nicht nur bedeutsam, weil sich auf Protesten Freund*innen treffen und Freund*innenschaften dort geschlossen werden. Protesten wie die Gezi-Proteste[3] 2013 in Istanbul gelingt es, breite und sehr diverse

3 Als Gezi-Proteste werden Demonstrationen und Aktionen in der Türkei bezeichnet, die sich gegen die Regierung Recep Tayyip Erdoğans richteten. Am 28. Mai 2013 gab es in Istanbul Demonstrationen gegen ein geplantes

Bevölkerungsgruppen zusammenzubringen. Im Gezi-Park wurden wochenlang Zelte aufgeschlagen. Die Menschen kochten, sangen, tanzten zusammen und begannen voneinander zu lernen. Dabei wurde mit sehr unterschiedlichen Vermittlungswegen und -werkzeugen experimentiert. Es gab eine Bibliothek, wo auch täglich Aktionen und Workshops stattfanden. Bildung, Kunst und Kultur begleiteten die Proteste nicht nur, sie wurden zu wichtigen Feldern einer transversalen Protestentfaltung. Proteste sind immer auch Lernräume und Orte der Politisierung. So wird bei diesen diskutiert, Theater gespielt und gemeinsam gesungen. Sichtbar wurde bei den Protesten in Istanbul jedoch auch, wie

> »eine kollektive Mikropolitik des Wunsches (...) dualen Gegenseitigkeiten entgegentritt. Gegen eine Makropolitik, welche die Menschen um politische Slogans herum organisiert, gegen Klassen- und Begriffsdualitäten, die alles in Oppositionen aufteilt (bürgerliches Kapital und Arbeiterklasse, Unterdrücker und Unterdrückte, Arbeitende und Arbeitslose, Jugendliche und Alte, Frauen und Männer) kristallisiert sich im Gezi Park und auf dem Taksim-Platz eine Mikropolitik des Wunsches heraus, die – kollektiv – quer zu den Trennungen Jung/Alt, Mann/Frau, Arbeitende/Arbeitslose, ChefIn/MitarbeiterIn etc. verläuft. Auf diese Weise werden Menschen auf der ganzen Welt, von New York bis Köln, von Izmir bis Adana und Antalya, von Ankara bis Bursa, in das Widerstandsfeld des horizontalen Kampfes hineingezogen« (Akay 2013, o.S.).

Es verwundert nicht, dass die Gezi-Proteste von vielen Menschen auf der Welt euphorisch begleitet wurden. Sie schienen eine andere Form des Widerstands zu versprechen, der auch neue Bezie-

---

Bauprojekt auf dem Gelände des sogenannten Gezi-Parks. Die Situation eskalierte als Folge eines gewaltsamen Polizeieinsatzes am 31. Mai 2013. Dies war der Start für anhaltende Proteste und zum Teil sehr kreative Aktionen. Der Gezi-Park symbolisiert eine neue Ära zivilgesellschaftlichen Widerstandes. Bekannt geworden sind die kollektiven Experimente, die sich während der Besetzung des Parkes entwickelten: Schulen, Bibliotheken, Volksküchen, Theaterworkshops etc.

hungsmöglichkeiten eröffnete. In ihren Auseinandersetzungen mit Assemblys schreibt Butler von dieser Phase der Revolte:

> »In den Fällen, in denen die Demonstrierenden schließlich auf dem öffentlichen Platz schliefen und aßen, Toiletten und verschiedene Systeme zur gemeinsamen Nutzung des Raums aufbauten, weigerten sie sich nicht nur, zu verschwinden [...], und beanspruchten den öffentlichen Raum nicht nur für sich selbst als fortbestehende Körper mit Bedürfnissen, Wünschen und Anforderungen [...], sondern sie baten auch die Welt, das, was dort geschah, zu registrieren, ihre Unterstützung bekannt zu machen und auf diese Weise selbst in die revolutionäre Aktion einzutreten« (Butler 2015: 97).

In Ergänzung – nicht in Abgrenzung – zu einer Assembly-Politik, verlegen wir den Fokus allerdings auf die politisch oft unterschätzten, manchmal auch verachteten, kleinen Räume: die Küche, das Wohnzimmer, die Hütte, das Café, die Parkbank, das Boot, das Schlafzimmer. Manches, was eine Revolution begleitet, geschieht nicht im klassisch-öffentlichen Raum, aber in scheinbar privaten Räumen, die in öffentliche transformiert werden. Wir bezeichnen sie als kleine Räume, um sie abzugrenzen von Räumen wie sie die Straßen und Plätze der Stadt sind, ohne sie jedoch als private Räume zu depolitisieren. Es sind die Räume, in denen sich zwei, drei oder vier Körper treffen, um sich auszutauschen. Es geht nicht um das Skandieren, nicht um laute politische Gesten, sondern um die besonnenen, verständnisvollen Gespräche, die Empörung kanalisieren und befördern können. Die Räume, in denen eine Vertrautheit entsteht, die es zulässt, Dummheiten nahezu ohne Konsequenzen zu äußern. Räume, in denen reflektiert und revidiert, gesponnen, gelacht und diskutiert wird. Räume, in denen Albernheit in Ordnung ist und Aussehen oder auch Effizienz keine Rolle spielen. Die Gezi-Proteste zeichneten sich auch dadurch aus, dass sie sowohl die lauten Proteste auf der Straße beinhalteten als auch eine Politik der kleinen Räume ermöglichten. Es entstanden sowohl kleinere Kollektive, als auch große und breite Solidaritätsstrukturen.

Diese kleinen Räume werden aber auch – vielleicht auch insbesondere – besetzt von Freund*innen, die es wagen eine andere Welt zu imaginieren, die nicht von einer Politik der Stärke bestimmt wird und stattdessen jene Fragilität ernst nehmen, die unser Leben, unsere Beziehung und den Planeten charakterisieren (siehe hierzu genauer Bayramoğlu/Castro Varela 2021). Bereits in den 1980er Jahren wurden diese von feministischen Wissenschaftlerinnen in den Blick genommen. So sprachen Claudia Honegger und Bettina Heintz (1981) von *Listen der Ohnmacht* und versammelten in ihrem Buch mit dem gleichnamigen Titel Geschichten weiblichen Widerstands. Weiblicher Widerstand war lange nur in diesen kleinen Räumen möglich. Oft als Klatsch und Tratsch diffamiert, konnte aus freund*innenschaftlichen Gesprächen Mut zum Widerstand geschöpft oder auch Kraft getankt werden, um den Alltag zu überstehen. Wie es Ernst Bloch so treffend formuliert: »keiner ist, was er sein möchte oder könnte [...] Von daher aber auch die Lust, Neues zu beginnen, das mit uns selbst anfängt« (Bloch 1993/1959: 1089). Um uns diesen Räumen zu nähern, unternehmen wir eine Denkreise und folgen Überlegungen wie sie etwa von Michel Foucault, Judith Butler, Hannah Arendt und Danielle Allen angestellt wurden, um diese für unseren Begriff der Freund*innenschaft als politische Praxis produktiv zu machen. Die Reise führt uns nicht direkt zum Ziel, sondern auf Abwegen. Es sind diese Abwege, dieses Vom-Weg-abkommen, die uns Eintritt in die kleinen Räume gewähren, die das Handlungszentrum einer politisch gedachten Freund*innenschaft bilden. Hier finden wir die Praxen, deren Einübung heute in Zeiten vielfältiger Krisen, wachsender globaler Ungleichheiten und einer beunruhigenden Zunahme rechter Gruppierungen und Parteien, einen globalen Autoritarismus und den damit einhergehenden tödlichen Terror nie dringender war. Die Praxen, die einem Protest, einer Assembly, wie sie Butler beschreibt, vorausgehen, ihn begleiten und nachhaltig machen. Denken wir nur an den Beginn der *Women's Liberation* in England, der eindrucksvoll im Film *Misbehaviour (2020)*[4] nacherzählt wird. Mittelpunkt ist der Miss-World-Wettbewerb, der 1970 in London stattfand. Zu dieser Zeit war die Miss World Veranstaltung mit über 100 Millionen Zuschauer*innen die meistgesehene Fernsehsendung der Welt. Die im Entstehen begriffene *Women's Liberation Front* erlangte erhebliche Popularität, nachdem sie, mit dem Argument, dass Schönheitswettbewerbe Frauen objektivieren und mithin degradieren würden, die Bühne der Veranstaltung stürmte, so dass die Live-Übertragung des Wettbewerbs unterbrochen werden musste.[5] Der Film zeigt u.a. wie sich zwei sehr unterschiedliche Frauen anfreunden und dann schließlich die Aktion auf der Miss World Veranstaltung – und viele weitere Aktionen – gemeinsam mit anderen Freund*innen planen. Das Lustvolle der Freund*innenschaft lässt sie Ängste überwinden und einen spektakulären Protest ersinnen und schließlich auch erfolgreich durchführen. Uns geht es hier nicht darum, die politische Sinnhaftigkeit, die Widersprüche und Problematiken dieser spezifischen Aktion herauszuarbeiten. Es soll lediglich verdeutlicht werden, dass einer Protestbewegung immer die Beziehungsarbeit in den kleinen Räumen vorausgeht. Das Ausklügeln der Strategie geht einher mit einer erheblichen Portion emotionaler Energie,

4 *Misbehaviour* ist eine britische Filmkomödie aus dem Jahr 2020 unter der Regie von Philippa Lowthorpe, nach einer Geschichte von Frayn. In dem Film spielen u.a. Keira Knightley, Gugu Mbatha-Raw, Jessie Buckley, Keeley Hawes, Phyllis Logan, Lesley Manville, Rhys Ifans und Greg Kinnear. Das Drehbuch schrieben Gaby Chiappe und Rebecca Frayn,

5 Als die Show fortgesetzt wurde, sorgte auch das Ergebnis für Aufruhr: Die Gewinnerin war nicht die schwedische Favoritin, sondern Miss Grenada, die zweite (nach Carole Crawford aus Jamaika) Schwarze Frau, die zur Miss World gekrönt wurde.

Kreativität wie auch Humor und Spaß. Selbstverständlich wird auch diskutiert und gestritten, aber eben auch gelacht, geraucht, getrunken und herumgealbert.

Wer Freund*innenschaften erfahren hat, selbst wenn diese irgendwann mal zerbrochen sind, weiß von dem Glück Freund*innen zu haben. Doch auch wenn es sich oft so anfühlt, als würden sie vom Himmel fallen, so sind sie zum einen weniger zufällig als vermutet und zum anderen zwar manchmal leicht zu beginnen, aber nicht immer einfach zu halten. Freund*innenschaften bedürfen der emotionalen, aber auch der intellektuellen Arbeit. Sie bedürfen der Pflege; wir müssen pfleglich mit ihnen umgehen, um sie robust werden zu lassen. Das Zerbrechen einer Freund*innenschaft ist schwerwiegend und kann uns über Jahre – manchmal gar das ganze Leben – beschäftigen, betrüben oder auch verärgern. Und wie Butler dies für Assemblys feststellt, so gilt auch für Freund*innenschaften, dass es gerade ihre Fragilität ist, die diese nicht nur zu etwas Besonderem macht, sondern kennzeichnend für sie ist. Freund*innenschaft ist eine Praxis und kein Zustand. Sie muss immer lebendig gehalten und bearbeitet werden. Die Phasen, die sie durchläuft, sind zuweilen turbulent: jeden Tag sprechen, alles teilen, geplante und intendierte Distanzierungen, Kränkungen, Zurückweisungen, Eifersucht und zuweilen auch Konkurrenz – all das kann Teil einer gelebten Freund*innenschaft sein. So muss dann und wann auch die Beziehung gekittet und repariert werden, so dass die zugefügten Wunden vernarben.

Einige Stimmen sprechen vom Investieren in eine Freund*innenschaft und machen damit auf ihre ökonomische Seite aufmerksam. Wenn Freund*innschaften sich materialisieren als *Linkedin* Netzwerke, dann handelt es sich dabei oft um berechnete Freund*innenschaften, von denen nicht viel zu erwarten ist. Doch Freund*innenschaften können der antikapitalistischen Logik durchaus trotzen, wenn sie nicht rentabel sind, aber Arbeit machen und dabei keine Rendite abwerfen. Sie kosten uns Zeit, Energie und fordern uns heraus, ohne dass wir damit *rechnen* können, dass wir unseren Einsatz zurückerhalten. Sie widersprechen damit einer kapitalistischen und auch instrumentellen Logik – sind nicht Mittel zum Zweck und werden oft bedingungslos gelebt. Dieser Ansatz hilft uns dabei Freund*innenschaften auch als Räume zu verstehen, in denen wir – gerade in neoliberalen Zeiten – eine Praxis von Beziehungen einüben, die sich durch einen explizit nicht ausbeuterischen Charakter auszeichnet (siehe May 2012).

Der vorliegende Essay trägt den Untertitel *Dreiklang politischer Praxis*, weil wir drei grundsätzliche Ebenen zu erkennen glauben, die Freund*innenschaft beschreibbar und begreifbar machen: Es sind die Poetik, Erotik und Ethik. Freund*innenschaft ist poetisch, weil sie in der Art und Weise, wie sie ausgelebt wird und auch wofür sie steht, mit keiner institutionalisierten Beziehungsform wie Ehe, Familie oder Kolleg*innenschaft vergleichbar ist und auch nicht durch festgelegte Regeln des Miteinanders definiert werden kann. Freund*innenschaften schaffen Intimität, schenken uns Geborgenheit und erfüllen gelegentlich unser Bedürfnis nach Zärtlichkeit. Sie enthalten demnach immer auch eine implizite erotische Komponente. Über die spezifische Art, wie wir unsere Freund*innen behandeln, um sie als solche an unserer Seite zu behalten, aber auch über die Weise, wie uns Freund*innen mit Rückmeldungen und Ratschlägen zur Seite stehen, üben wir ethische Praxen ein, trainieren unsere ethischen Reflexe.

2 Solidarität, Allyship und die Praxis des kollektiven Arbeitens

> »Als Mensch geboren zu werden bedeutet, auf einen Anderen und andere angelegt zu sein. Um dem Rechnung zu tragen, setzt der Mensch das ganz Andere voraus. Das ist die Grundlage des Menschseins als Sein-im-ethischen-Verhältnis. Per Definition können wir nicht – kein Selbst kann – das ganz Andere erreichen. Daher kann die ethische Situation nur in der ethischen Erfahrung des Unmöglichen fassbar werden. Dies ist die grundlegende Lücke in allen Handlungen und Worten, ganz besonders in den Handlungen und Worten, die wir als dem Ethischen am nächsten stehend verstehen – die historischen und politischen.«
>
> (Spivak 2012: 97-98).

Bevor wir konkret in den Dreiklang der Freund*innenschaft einsteigen, wollen wir uns im folgenden Kapitel zunächst Solidarität, Allyship und anderen Begriffe der politischen Zusammenarbeit widmen. Solidarität und Allyship sind wichtige Konzepte des (politischen) Zusammenkommens, -arbeitens und -seins, deren Grenzen zur Freund*innenschaft womöglich am besten als porös und ambivalent zu beschreiben sind. Eine solidarische Praxis – etwa von Staatsbürger*innen mit im Land lebenden geflüchteten Menschen – kann der Beginn einer Freund*innenschaft sein. Nicht selten allerdings erscheint es den sich solidarisch verhaltenden Menschen, es handele sich um Freund*innenschaft, obschon die einseitige Abhängigkeit, dies fast unmöglich macht. Andersherum kann die Freund*innenschaft zu einer Person, die Diskriminierungserfahrungen hat, die eine*r selber nicht teilt, dazu führen, dass Solidarität mit der Gruppe, deren Mitglied die diskriminierten Freund*innen sind, gestiftet wird. Das Persönliche wird hier politisch, während im ersten Beispiel das Politische privatisiert wird.

Solidarität existiert unter Gleichen und Ungleichen transversal, horizontal und vertikal. Soziale Bewegungen bedürfen der Zusammenarbeit. Während die Arbeiter*innenbewegungen noch auf die Massen gesetzt hat und von diesen ein positives Bild hatte – schließlich ging es darum möglichst viele für die eigene Sache zu gewinnen – gerieten diese als Folge der nationalsozialistischen Mobilisierung und Manipulierung der Massen zu Recht in Verruf (siehe Castro Varela 2023). Konzepte, die Kollektive außerhalb der Massen denken, folgen heute – außerhalb einer neoliberalen Verehrung des Individuums – einer Identitätslogik. Im Zeitalter der sozialen Bewegungen, deren Beginn in den 1960er Jahren zu verorten ist, gewinnt die Frage der Identität eine zunehmend zentrale Bedeutung. Es entsteht ein neues Verständnis von Zugehörigkeit, das die politische Arbeit fortan bestimmt. Die Schwarze Bürgerrechtsbewegung in den USA, die Schwulenbewegung, antiimperialistische Gruppen und antikoloniale Bewegungen wie auch unterschiedliche Frauen*bewegungen erkämpfen Rechte und verändern zugleich die Art und Weise, wie Demokratie, Gerechtigkeit und Emanzipation gedacht und gelebt werden. Bürgerliche Errungenschaften wie etwa Meinungsfreiheit oder das Recht auf Bildung, die de facto lange nur einigen wenigen zugutekamen, werden durch den Druck multipler und heterogener Bewegungen, die Demokratie herausfordern und rekonzeptualisieren, erweitert. Die geteilten Diskriminierungserfahrungen bilden den Kitt dieser Gruppen, deren Bestehen immer prekär bleibt. Es ist sicher kein Zufall, dass aus diesen Bewegungen Schriften hervorgehen, die Freund*innenschaft in das Zentrum ihrer Kämpfe um Hegemonie stellen. Denken wir an die Arbeiten von bell hooks, Feministin und Mitglied der Schwarzen Bürgerrechtsbewegung, aber auch an die Arbeiten von Michel Foucault, dessen Schriften u.a. bedeutsam für die Schwulenbewegung und die später sich etablierenden Queer Studies sind. Eine ganze Generation von Intellektuellen redet und schreibt über Freund*innenschaft, weswegen sie kaum zufällig oft im Zusammenhang mit politischer Solidarität diskutiert wird.

Viele Jahre waren die Praxen der Solidarität und des Sich-sorgen-um geradezu in Verruf geraten. Den einen waren diese verdächtig, weil Solidarität insbesondere mit einer sozialistischen Politik assoziiert wurde, die nach dem Fall der Berliner Mauer Ende der 1980er Jahre und dem anschließenden langsamen Zerfall der sozialistischen Länder als obsolet und erledigt galt. Die anderen bewerten Solidarität und das Sich-sorgen-um als sozialen Kitsch und depolitisierend; wieder andere halten Solidarität für eine paternalistische Praxis, bei der diejenigen, die sich solidarisch erklären, mehr Gewinn daraus ziehen als diejenigen, die unterstützt werden sollen. Manchmal wird auch eine Solidarität im Sinne Jacques Rancières propagiert: jene *unbedingte Solidarität* (siehe etwa Susemichel/Kastner 2021), die eine Praxis beschreibt, die sich auch an diejenigen richtet, die als anders und eben nicht als Gleiche wahrgenommen werden. Rancière folgend ist Gleichheit kein Zustand, sondern eine Praxis, bei der Gleichheit immer zunächst als Ausgangspunkt gesetzt wird – selbst oder gerade in Augenblicken, die ungleich strukturiert sind. Er hinterfragt eine Erziehung zur Gleichheit und postuliert dagegen die Gleichheit der Intelligenz. Intelligenz folge, so Rancière, nicht dem Weg von Ignoranz oder Unwissen zu Wissen, sondern bewege sich von bereits existierendem Wissen hin zu neuem Wissen. In dieser Schritt-für-Schritt-Verknüpfung sei jede Intelligenz gleich und Gleichheit damit der Ausgangspunkt (Rancière 2016: 139). Das ist ein bedenkenswerter Ansatz, doch ist das eigentliche Problem sozialer Gerechtigkeit womöglich mit solcherlei Denkakrobatik nicht zu lösen. Ein Problem, welches im Übrigen auch das aktuell viel besprochene Konzept der multidirektionalen Erinnerungspraxis (Rothberg 2009) mit Rancières unbedingter Solidarität teilt. Multidirektionale Erinnerungspolitik ruft danach, mehr als nur ein Grauen isoliert zu erinnern, sondern die Verflechtungen der historischen Gewalt in den Blick zu nehmen. Offen bleibt bei beiden Überlegungen, wie nun mit dem Konflikt, den Widersprüchen, den Affekten der Ablehnung, der Ressentiments und der historisch gewachsenen Verachtung umzugehen ist. Schließlich bestimmt der Horror der Vergangenheit den Horror von Heute. Auf Gewalt folgt nicht nur Frieden, sondern eben auch Gewalt. Gewalt wird endemisch. Die gewaltvolle Geschichte verfolgt uns – wenn auch in sehr unterschiedlicher Art und Weise. Aus diesem Grunde erscheint uns eine Philosophie der Freund*innenschaft, die eine »Politik der Sorge« (Woddly et al. 2021) zum Ausgangspunkt nimmt, überzeugender. Jede Begegnung ist ein Moment, der sich von der Vergangenheit in die Zukunft zieht. Ein Moment, in dem eine andere Zeitlichkeit einbricht, Räume sich verdichten und gleichzeitig ausweiten. Wie können wir uns auf diese Momente, diese Augenblicke vorbereiten? Wie können wir ethische Praxen etablieren, erlernen und unethische, imperiale Imaginationen verlernen, so dass wir in die Lage versetzt werden, in den entscheidenden Momenten geradezu reflexartig das Richtige zu tun. Solidarität unter Ungleichen versucht sich an der Grenzüberschreitung, aber ist dies ausreichend, um unsere ethischen Reflexe so in Schwung zu halten, dass wir tatsächlich das Richtige tun – wenn es darauf ankommt.

Der Begriff der Solidarität geht auf den lateinischen *solidus* zurück und bedeutet fest und solide. Solidarität ist gewissermaßen der Kitt der Gesellschaft. Eine unsolidarische Gesellschaft zerfällt oder bekämpft sich. In einer solidarischen Gesellschaft unterstützen Menschen sich. Ein Konzept, das gewissermaßen einen Zwischenraum zwischen Solidarität, Allyship und Freund*innenschaft markiert, ist die kontrapunktische Solidarität. In *Culture and Imperialism* (1993) führt Edward Said die Idee des Kontrapunktischen im Zusammenhang mit der Praxis eines postkolonialen Zurückschreibens ein. Inspiriert durch Johannes Bachs *Fuge* (lat. Flucht), die ein Kompositionsprinzip polyphoner Mehrstimmigkeit darstellt, schlägt Said eine Lesepraxis vor, die dem postkolonialen Subjekt die Möglichkeit eröffnet, den Text von den Rändern aus gegen den Strich zu lesen. Eine daran anlehnend gedachte kontrapunktische Solidarität wird immer versuchen, den Gegenstimmen Raum zu geben. Die Gleichzeitigkeit verschiedener Stimmen wird deswegen nicht als disharmonisch gelesen. Im Gegenteil, ihre Polyphonie gerät zu einer Melodie, während gleichzeitig die Eigenständigkeit der Stimmen aufrechterhalten wird. Bei einer kontrapunktischen Praxis wird nicht, wie dies etwa im Kanon der Fall ist, der dominanten Stimme ohne Wenn und Aber gefolgt, stattdessen wird den Gegenstimmen zur Artikulation verholfen. Das Kontrapunktische schafft damit einen Raum, der differente Stimmen nicht nur artikulierbar macht, sondern zur Artikulation geradezu auffordert. Die Polyphonie endet dabei nicht im Chaos, aber auch nicht in einer simplen Harmonie. Es werden eher Zwischenräume geöffnet, die andere Stimmen hörbar machen. Das kann zu produktiven Disharmonien führen, die dann, übertragen wir das Bild ins Politische, einen epistemischen Wandel möglich machen. Eine hegemoniale Stimme kann nicht einfach durch eine Gegenstimme ersetzt werden, es gilt vielmehr die Heterogenität und scheinbare Disharmonien als Verstehensraum zu etablieren. Kontrapunktische Solidarität sucht entsprechend nach einem anderen Verstehen, das nicht von der einzigen Wahrheit geleitet wird. Sie ist gewissermaßen anti-dogmatisch. Die Einzelnen schlagen lediglich Perspektiven vor und rechnen mit Widerspruch, ja, hoffen auf ihn. Eine solche Vorstellung von Solidarität als eine kontrapunktische Praxis versteht sich gut mit dem Vorschlag, anstatt von Individuen zu sprechen, die Dividuation zu perspektivieren. Bereits Friedrich Nietzsche (1878: Abschnitt 57) schreibt in seiner Schrift *Menschliches, Allzumenschliches*, dass der Mensch imstande ist, »etwas von sich, einen Gedanken, ein Verlangen, ein Erzeugnis mehr zu lieben, als etwas anderes von sich. Insofern ist sein Wesen zerteilt, er ist also nicht *Individuum*, sondern *Dividuum*. Der Mensch muss dabei nicht als zerteilt wahrgenommen werden, sondern als notwendigerweise verbunden mit anderen Dividuen. Die Teilung eröffnet die Möglichkeit der Verbindung. Es war insbesondere Gilles Deleuze, der diesen Gedanken weitergeführt und entfaltet hat. Die Beziehung zu anderen Menschen aber auch Dingen muss insoweit nicht gesucht werden, sie ist eine Tatsache. Die Kulturwissenschaftlerin Michaela Ott hat in ihrer Auseinandersetzung mit u.a. Deleuze den Begriff der »Kondividuation« geprägt, der neue Formen der Zusammenarbeit und der multidirektionalen Beteiligung beschreibt (Ott 2018: 123ff.). Indigene Wissenschaftler*innen wie Melanie K. Yazzie und Cutcha Risling Baldy (2018) schreiben in einer ähnlichen Weise von »radikaler Relationalität«. Sie benutzen das Bild des *kinships* – also Verwandtschaft – verengen dieses aber nicht auf die biologische Verwandtschaft, sondern verstehen darunter das Community-Netzwerk, das vereint ist im Kampf gegen Kolonialismus, Extraktivismus und Kapitalismus. Der aktuellen Nekropolitik, die auf Zerstörung angelegt ist, wird gewissermaßen ein Beziehungsnetzwerk entgegengestellt, das einer radikalen Sorge-Ethik folgt. »Jenseits der Akademie ist die kollektive Pflege ein Ort der gegenseitigen Hilfe, der Bewusstseinsbildung und der politischen Organisierung« (Woodly 2021: 893). Das Zusammenarbeiten ist Selbstverständlichkeit, aber eben nicht das einer Meinung sein. Es ist eher so, wie der Soziologe Richard Sennett, der in seinem Buch *Together – The Rituals, Pleasures and Politics of Cooperation* (2012) die Zusammenarbeit als die Kunst anderer Meinung zu sein beschreibt. Es ist eine unseren Thesen, dass es die Freund*innenschaft ist, die diese Kunst auszubilden hilft. Denn Freund*innenschaft beruhen radikal auf Dasein-für-den*die Anderen, wie sie auch für die Entfaltung neuer, gemeinsamer Vorstellungen steht.

Im Gegensatz zur Solidarität, die in den Ohren der meisten Menschen doch zu Seventies klingt, ist Allyship heute in aller Munde. Auch als *aktive* Solidarität umschrieben, verweist sie darauf, dass Solidarität nun obsolet geworden ist, weil es sich als nicht genügend transformativ erwiesen hat. Und so wird, im Gegensatz zur Solidarität, die Praxis von Allyship als ein aktives Eingreifen in Privilegierungs- und Deprivilegierungstrukturen beschrieben. Es ist *das* Konzept der Identitätspolitik des 21. Jahrhunderts. Insoweit passt dazu, dass es sich vorzugsweise auf digitalen Plattformen ausbreitet und bei Diskussionen und Aktionen gegen Rassismus, Heterosexismus und andere Formen sozialer Unterdrückung zunehmend Konjunktur hat: Artikel, Blogs, Memes, Tweets und Toots, die zu Allyship mit marginalisierten Gruppen ermutigen, zirkulieren durch die Welt der sozialen Medien und befeuern einen nicht immer wertvollen Klick-Aktivismus. Als Ally gilt »eine Person, die Mitglied einer dominanten oder Mehrheitsgruppe ist und sich in ihrem persönlichen und beruflichen Leben für die Beendigung unterschiedlicher Unterdrückungsverhältnisse einsetzt, indem sie die unterdrückte Gruppe unterstützt und für sie eintritt« (Washington & Evans 1991: 195). Allyship kann dabei nicht als statisch betrachtet werden und bezeichnet auch keine Identität oder Mitgliedschaft, sondern wird idealerweise als ein lebenslanger Prozess des Aufbaus von Beziehungen auf der Grundlage von Vertrauen, Beständigkeit und Verantwortlichkeit mit marginalisierten Personen und/oder Personengruppen beschrieben (Atcheson 2018). Ein*e Ally (auf Deutsch Verbündete*r) ist eine Person, die zum einen einer hegemonialen Gruppe angehört und gleichsam seine*ihre unverdienten Privilegien anerkennt. Es sind diese Privilegien, die sich aufgrund sozialer Ungerechtigkeitsstrukturen ergeben. Wenn zum Beispiel Menschen, die nicht im Besitz der europäischen Staatsbürger*innenschaft sind auf dem Arbeitsmarkt diskriminiert werden, wie dies alljährliche Untersuchungen nachweisen, können auf dem Arbeitsmarkt privilegierte Menschen versuchen, die Strukturen zu verschieben, indem sie sich dafür einsetzen, dass insbesondere Drittstaatler*innen Stellen angeboten bekommen. Das ist aktiv, weil hier eine bloße Proklamation nicht helfen wird. Ein*e Ally übernimmt mithin Verantwortung für strukturelle Diskriminierung. Wobei es nicht um Wohlfahrt im christlichen Sinne geht, sondern eher darum, tatsächlich gewissenhaft zu handeln – also nach Antworten auf soziale Ungerechtigkeit zu suchen: Verantwortung zu übernehmen. Ein wichtiger Schritt in diesem Prozess ist das Bewusstsein für die eigene soziale Positionierung. Niemand kann Allyship für sich beanspruchen, denn Allys bedürfen der Anerkennung derjenigen, mit denen sie sich verbünden möchten. Eine *weiße* Person kann somit nur von BIPoC Personen bzw. Gruppen als Ally bestimmt werden. So ergibt sich eine komplexe Ally-Identität, bei der unterschieden wird zwischen einer Ally-Selbstbezeichnung und einer Zuweisung – wenn also andere entscheiden, ob eine Person eine Ally-Position besetzt. Auch wenn eine Person eine Ally-Identität anstrebt, so müssen marginalisierte Gruppen ihre Allys selbst wählen: nur sie können letztlich entscheiden, ob sie sich tatsächlich unterstützt fühlen. Allyship verlangt folgerichtig nach einer aktiven, konsequenten und fortlaufenden Praxis des Verlernens von Privilegien und einer Neubewertung der eigenen sozialen Position. Ein Ally zu sein, ist eine persistente Praxis der Selbsthinterfragung und ein äußerst komplexer Prozess, der stets von Brüchen und Neuverhandlungen geprägt ist. Allyship ist eine prekäre und stets gefährdete Position. Je konkurrenzstrukturierter das Feld ist, indem Allyship auftritt, desto prekärer die Position.

Wenn beispielsweise ein*e Ally eine*r anderen das wahre Allysein abspricht oder wenn Allyship aufgrund von Konflikten in persönlichen Beziehungen hinterfragt wird, wird die Prekarität der Position spürbar. Die sehr ungleiche Struktur öffnet Machtspielen Tür und Tor. Und obschon in der Literatur immer wieder hervorgehoben wird, dass Allyship ein nicht endender Prozess ist, wird sie nichtsdestotrotz doch zumeist als Identitätskategorie vorgestellt und so auch oft von Mitgliedern dominanter gesellschaftlicher Gruppe vorgestellt. Damit wird Allyship zu einer Identität, die allzu oft vom Handeln abgekoppelt ist. Die Aussage »Ich bin ein Ally!« ist durchaus gängig und wird von Menschen geäußert, die letztendlich als Mitglieder dominanter Gruppen den diskursiven Raum beherrschen. Eine Ally-Identität ist eigentlich ein Paradox, wenn Allyship als Prozess gedacht wird. Eher scheint die Proklamation »Ich bin ein Ally!« häufig wie das Hoffen auf einen Freifahrtschein, der als Beweis für eine moralische Integrität von Mitgliedern dominanter Gruppen angeführt wird. Irgendwie mutet dies doch wieder einmal sehr christlich an: die Schuld anerkennen, die Beichte ablegen und geläutert auf der Seite des Guten stehen, um dann über andere, die scheinbar noch nicht auf dem rechten Pfad sind, zu richten.

Die Behauptung, Allyship könne sich in bestehende Gewaltstrukturen einnisten und die Vorstellung eines fortwährenden Reflexionsprozesses werden damit eigentlich unmöglich gemacht. Allyship fügt sich zudem ein in ein problematisches binäres Denken und statisches Verständnis von Identität, die der simplifizierenden Logik folgt: entweder ist Mensch ein*e Verbündete*r oder nicht; es besteht keine Notwendigkeit, sich mit dem Prozess, dem Kontext oder der Geschichte von Gewalt und Diskriminierung zu befassen. Dabei sind Privilegien ebenso wie Marginalisierungs- und Diskriminierungserfahrungen intersektional und fluide und keineswegs statisch oder nur auf ein Diskriminierungskriterium reduzierbar. Die Realität ist dann doch wieder weitaus komplizierter. Das Mitglied einer dominanten Gruppe kann zugleich Mitglied einer anderen marginalisierten Gruppe sein. Weiße Frauen* beispielsweise mögen von rassistischen Strukturen profitieren, gar zu ihrem Erhalt beitragen, dennoch werden sie über patriarchale Gesellschaftsstrukturen diskriminiert, marginalisiert und benachteiligt. Zudem sind Privilegien, die die Basis für den Prozess des Allyship bilden, keine fixen Angelegenheiten. Privilegien können verloren gehen. Ein Unfall kann einen Menschen in die Position bringen, in der er*sie fortan aufgrund der verschobenen körperlichen Fähigkeiten diskriminiert wird. Ein Trauma kann die Position im Feld der Neurodiversität verändern. Wir können reich geboren werden und einer angesehenen Familie angehören. Wenn diese aufgrund von Krieg auswandern muss, können diese Privilegien erschüttert werden und wir finden uns in einer Unterbringung mit Menschen wieder, die tagtäglich um ihre Abschiebung bangen müssen. Migration kann aber auch bedeuten, dass die eigenen Möglichkeiten – etwa zu studieren – verbessert werden. Privilegien werden in den politischen Debatten allzu oft als starr und statisch beschrieben, können sich aber tatsächlich im Laufe des Lebens aufgrund historischer Ereignisse und lokaler Wechselwirkungen deutlich verschieben. Allyship wird dieser Komplexität nicht gerecht. Für viele Menschen bleibt es unverständlich. Oft wirkt die Praxis geradezu technokratisch und kalt. In ihr ist zu stark die Geste des Müssens eingeschrieben, die eine empathische Zusammenarbeit eher verhindert. Die US-amerikanischen Kulturwissenschaftler*innen Peter Scaramuzzo, Michael Bartone und Jemimah Young (2021) schlagen deswegen eine bidirektionale Allyship vor, bei der ein Austausch zwischen marginalisierten Gruppen vorgeschlagen wird. Mitglieder unterschiedlich marginalisierter Gruppen schließen sich im Kampf für mehr soziale Gerechtigkeit zusammen. Scaramuzzo, Bartone und

Young illustrieren ihr Konzept mit der Metapher der Autobahn: Jede der sozial marginalisierten Gruppen befindet sich dabei auf ihrer eigenen Spur auf einer gemeinsam befahrenen Autobahn. Anhand des Beispiels zweier marginalisierter Gruppen *weißer* schwuler Cis-Männer und Schwarzer heterosexueller Cis-Frauen, die aufgrund überschneidender Kategorien der Race, Gender und Sexualität Marginalisierungserfahrungen machen, zeigen sie auf, wie gegenseitiges Verständnis und gegenseitige Unterstützung dazu führen können, die jeweiligen, einander womöglich verstärkenden Ursachen von Marginalisierung beider Gruppen zu bekämpfen. Bei diesem Ansatz spielt jedes Individuum eine aktive Rolle dabei, wenn es darum geht, Unterdrückung abzubauen und eine Vision für eine gerechtere Zukunft zu entwickeln. Diejenigen, die an den Rand gedrängt werden, übernehmen die Führung bei der Artikulation einer Analyse der Macht aus dem Blickwinkel ihres besonderen Standpunktes und Kontexts. Jedoch müssen alle die Fähigkeit entwickeln, gleichzeitig über ihre Positionen, Privilegien sowie Marginalisierungserfahrungen hinauszudenken und die Perspektiven jener, die anders positioniert sind, anzuerkennen und zu verstehen. Eine bidirektionale Allyship ergänzt in produktiver Weise das Konzept von Allyship, indem sie einen Rahmen dafür bietet, wie sich diverse soziale Gruppen einander im Kampf für Gerechtigkeit unterstützen und durch Alltagshandlungen, mikropolitische Praxen, echte Zuneigung und eine geübte Empathie gegenseitig empowern können. Dennoch ist Allyship – auch eine bidirektionale – schon allein deswegen nicht vergleichbar mit einer Freund*innenschaft, weil erstere nicht auf Gleichheit basiert.[6] Freund*innenschaft dagegen ist ohne gegenseitiges Vertrauen

6 Siehe kritisch den Podcast auf Deutschlandfunk von Hartwig Vens und Cantürk Kiran vom 13.03.2022: Das Unbehagen am Konzept »Allyship«. »Tue Gutes und rede darüber«. Online: https://www.deutschlandfunkkultur.de/kritik-konzept-allyship-100.html (letzter Aufruf 25.11.2022).

nicht denkbar. Und natürlich geht es bei Freund*innenschaft nicht um ein Zurückzahlen, Zurückgeben, sondern ein gemeinsames Aufbauen. Freund*innenschaft setzt nicht da an, wo Allyship aufhört, die beiden Praxen sind einfach nicht miteinander vergleichbar. Im Gegensatz zu Allyship wird die Freund*innenschaft zumeist ins Private verdonnert und aus dem politischen Terrain verdammt. Um genauer zu klären, was Freund*innenschaft als politische Praxis bedeuten mag, widmen wir uns deswegen noch kurz und schlaglichtartig zwei weiteren Konzepten, die zweifelsfrei, dem Feld des politischen Kampfes zugeordnet werden, um daran anschließend, gewissermaßen kontrastiv, die Idee der Freund*innenschaft einzuführen.

Praxen, die im Zusammenhang mit politischen Kämpfen und ihrer Organisierung entstanden sind – etwa *Sisterhood*, Kamerad*innenschaft, Kollektive etc. – enthalten durchaus Elemente und Charakteristiken, die sie mit Freund*innenschaften überlappen lassen. Es gibt Anknüpfungspunkte, die bei Allyship nicht zu finden sind. Das Kollektiv beispielsweise beschreibt eine Gruppe Gleichgesinnter, die ein gemeinsames politisches Ziel verfolgen. Das kann bedeuten, gemeinsame Aktionen zu planen, Demos vorzubereiten, Broschüren zu verfassen oder andere Möglichkeiten des Zusammenlebens auszuprobieren. Der Begriff des Kollektivs entstammt dem lateinischen Terminus *colligere,* was so viel bedeutet wie zusammensuchen oder aufsammeln. Er steht für soziale Zusammenkünfte, deren Mitglieder in Anzahl und Eigenschaft undefiniert und heterogen sein können. Die Geschichte von Kollektiven reicht von Geschäftspartner*innenschaften (etwa Bars, Bioläden oder der Verlag, der dieses Buch verlegt) über autonome Wohngemeinschaften bis hin zu aktivistischen und künstlerischen Gruppen. Kollektive können als soziale Gebilde verstanden werden, in denen Menschen mit geteilten Normen und Wertvorstellungen neue Praxen entwickeln. Sie sind vielfältig, im

Inneren allerdings, zumindest was ihre ideologische Ausrichtung betrifft, sind sie eher homogen. Meist verfolgen sie ein soziales, politisches oder ökonomisches Ziel. Die Künstler*innen-Kollektive auf der d15 beispielsweise haben als Kollektiv kreativ gearbeitet, um dann ihre Kunst gemeinsam zu präsentieren. Weil sie klare politische Ideen vermittelten und/oder auf die globale Ungerechtigkeit und Kolonialität der Welt hinweisen wollten, befanden einige europäische Kunstkritiker*innen ihre Arbeiten als »Nicht-Kunst«. Das Kunstwerk wird zu stark mit der held*innenhaften künstlerischen Tat einer einzelnen, autonom agierenden – meist weiß und männlich imaginierten – Person assoziiert, die sich das Recht nimmt, Normen und Grenzen zu hinterfragen und zu überschreiten. Kollektive dagegen werden von denjenigen, die den Kapitalismus gerne frönen, oft belächelt. Doch können sie durchaus als Alternative zu kapitalistischen Praxen verstanden werden. So zeichnen sie sich, wenn sie ökonomische Interessen verfolgen, dadurch aus, dass es keine individuellen Eigentümer*innen gibt (etwa bei Bars, Zeitschriften, Verlagen oder Läden) und möglichst alle Mitglieder alles machen. Letzteres ist sicher ein Angriff auf die kapitalistische Arbeitsteilung, aber auch auf den Individualismus, der den einzelnen Menschen und seine Handlungen romantisiert. In den 1970er Jahren bildeten sich nicht nur in Städten wie Berlin oder London, sondern auch in der Provinz, etliche Kollektive, in denen der Lohn nicht nach der erbrachten Leistung berechnet wurde, sondern nach dem Gleichheits- und Bedarfsprinzip. Wer über mehr Eigenkapital verfügte, erhielt etwa weniger als die Person, die aus proletarischen Verhältnissen entstammte und über keine Ersparnisse verfügte. Auch Kollektive stiften oft (politische) Freund*innenschaften oder entstehen aus solchen. Sie sind als soziales, antikapitalistisches Experiment zu verstehen, die sowohl alternative Ökonomien etablieren als auch Menschen Möglichkeitsräume eröffnen, bisher nicht gekannte Potentiale zu entfalten: Wenn alle alles machen, bedeutet dies eben auch, dass ich im Kollektiv Dinge tun muss, von denen ich eventuell dachte, dass ich dazu nicht in der Lage bin. Kollektive sind im Idealfall solidarische Gemeinschaften. So berichtet Anna Krupp-Rabe (1993) von einer Berliner Prololesbengruppe, die in den 1980er Jahren ein Konto einrichteten in das Mittelschichtslesben einzahlten und sogenannte Prololesben in Notsituationen Geld abheben konnten. Umverteilung innerhalb eines selbstgewählten und gegründeten kleinen Kollektivs. Das Modell funktionierte, wenn auch nicht lange. Es beruhte auf absolutes Vertrauen. Nie durfte gefragt werden, wofür das Geld benötigt wurde. Hätte dies doch bedeutet, zu riskieren, dass die bedürftigen Lesben sich für ihre Bedürftigkeit schämen müssen.[7]

Unter dem englischen Begriff *care* wird seit den 2000er Jahren eine breite gesellschaftliche Auseinandersetzung um Theorie und Praxis der Zwischenmenschlichkeit geführt, in der es um die Notwendigkeit von Sorge und Selbstsorge im politischen Kampf geht. Es waren insbesondere feministische und queere Aktivist*innen sowie Denker*innen, die die Themen nicht nur in der politischen Debatte gehalten haben, sondern auch beständig weiterentwickelten. Haben maskulinistische Revolutionsphantasien insbesondere

7 Zu Fragen der Scham in Bezug auf Klasse wurde bereits eine Menge Literatur veröffentlicht. Wir empfehlen sowohl das Buch von Richard Sennett *Respect. The Formation of Character in an Age of Inequality* (2004) als auch den autobiografischen Text der Nobelpreisträgerin für Literatur in 2022 Annie Ernaux *Die Scham* (2020). Beide beschäftigen sich auf sehr unterschiedliche Art und Weise auch mit ihrer eigenen Herkunft, die von Armut gekennzeichnet war. Aufstieg bedeutet immer auch Entfremdung von der eigenen Kindheit und Familie. Oft wird die Frage der Klasse bei Auseinandersetzungen rund um soziale Gerechtigkeit wenig Beachtung geschenkt, tatsächlich ist sie und die diese begleitenden Affektpolitiken, zentral wenn wir über Freund*innenschaften sprechen, die einen Ausgang aus der beschämenden Misere weisen können.

den unendlichen und entgrenzten Kampf gefordert, der, auch weil er an der Gestalt von Held*innen klebte, die Selbstaufgabe geradezu forderte. *Hasta la Victoria! (Bis zum Sieg!)* war ein bekannter Slogan, der einem Brief des Revolutionärs Che Guevaras entnommen wurde, dem schon zu entnehmen ist, dass weder Sorge noch Selbstsorge im Zentrum stehen, sondern eben nur der Sieg auf welche Kosten auch immer. Weswegen der Satz auch mit „Vaterland oder Tod« (*patria o muerte*) endet. Feministische Kollektive wie *Ni Una Menos* (in etwa *„nicht eine weniger«*) hingegen, die in der Wut angesichts brutaler Femizide in Argentinien ihren Anfang genommen hat und in Windeseile global von Feminist*innen aufgenommen wurde, stellen gerade den gemeinschaftlichen Moment in den Vordergrund: Es geht um jedes einzelne Leben. Dass dies letztlich auch zu einer Hinterfragung der allgemeinen staatlichen Macht führen kann, zeigen die aktuellen Ereignisse im Iran:

Nach dem staatlichen Femizid an der kurdisch-Iranischen Jina Amini durch die Hijab-Polizei im Iran ergriff die Wut über die misogyne Terrorherrschaft der Islamischen Republik das ganze Land. Bei dem Begräbnis von Jina in der kurdischen Stadt Saqqez nahmen die Frauen* ihre Kopftücher ab und protestierten gegen den obligatorischen Hijab im Iran. Seitdem füllen sich die Straßen des Landes mit Studierenden und Schüler*innen, mit Frauen* und Männern*, Alten und Jungen, Arbeiter*innen und Akademiker*innen, Menschen aus Balutschistan sowie jene aus Teheran und anderen Großstädten. Es ist eine feministisch geführte Revolution, die die Menschen über Differenzen und verschiedene Identitäten hinweg miteinander verbindet. Auch hier hören wir einen feministischen Slogan: *Jin, Jiyan, Azadi – Frau, Leben, Freiheit.* Die Menschen fordern die radikale Befreiung aus den patriarchalen und heterosexistischen Strukturen des islamistischen Regimes, sie fordern die Beseitigung ihrer autoritär-neoliberalen Regeln, das Ende aber auch der massiven Umweltverschmutzung, das Ende der Unterdrückung und Repression ethnischer und nationaler Minderheiten und letztlich den Sturz der Islamischen Republik. Das, was die Menschen eint, ist ihre gegenseitige Betroffenheit von den mannigfaltigen Repressalien des Regimes im Iran, die den kollektiven Moment der momentanen Revolution bildet. Die Menschen solidarisieren sich angesichts dieser gemeinsamen Not und der gemeinsamen Wut auf das Regime. Es ist genau dieser Einsatz für einen gesellschaftlichen Wandel, der die eigenen Bedürfnisse einschließt aber eben gleichsam über sie hinausgeht, der das Politische an der Freud*innenschaft verdeutlicht. Die Einigkeit, die hier gezeigt wird, ist deswegen so außergewöhnlich, weil sie Differenzen überschreitet und eben nicht in einer identitären Verbundenheit begründet liegt. Der Ruf nach *Frau, Leben, Freiheit* kommt aus der kurdischen Frauen*bewegung und wird nun von der gesamten Revolutionsbewegung im Iran sowie in der Diaspora gerufen. Die Partikularität wurde überwunden. Menschen in unterschiedlichen Ländern dieser Welt erklären sich solidarisch mit den Menschen im Iran, die nicht mehr weiter unter der Herrschaft der Islamischen Republik leben wollen. Der Ruf nach Freiheit überschreitet Grenzen. Dass dies nicht nur eine romantisierende, verträumte Beschreibung der aktuellen Ereignisse ist, beweist die Härte, mit der das Regime gegen die Protestierenden vorgeht.

Auch innerhalb der diversen feministischen Bewegungen wurde um Begrifflichkeiten, die dem kollektiven Moment Ausdruck verleihen, gerungen. Lange wurde in diesem Zusammenhang beispielsweise von einer geteilten *Sisterhood* (Schwesternschaft) gesprochen. Die Idee der *Sisterhood* bezog Stellung gegen das Vergessen der gemeinsamen Unterdrückung aller Frauen durch das Patriarchat, gegen die sich die Kämpfe der *weißen* und liberalen feministischen Bewegung richteten. *Sisterhood* wurde jedoch schon bald aus der Perspektive Schwarzer Feminist*innen kritisiert, die auf die unterschiedlichen Ausgangslagen von Frauen aufgrund einander sich überkreuzender Herrschafts- und Unterdrückungsverhältnisse wie Rassismus, Klassenunterdrückung etc. hinweisen (etwa Crenshaw 1991). Frauen* sind nicht alle auf die gleiche Art und Weise Unterdrückung und Benachteiligung ausgesetzt und zudem nicht nur durch ihre Opferposition zu definieren. Differenzen sowie deren Einfluss auf das Scheitern eines gemeinsamen Kampfes gegen das Patriarchat anzuerkennen, ist, etwa bell hooks zufolge, der erste Schritt in Richtung einer solidarischen feministischen Massenbewegung (hooks 1986). Schon sehr früh weist auch Audre Lorde (2021/1980) auf die Notwendigkeit hin, die Unterschiede innerhalb der feministischen Bewegung sichtbar zu machen, da sonst eine Allianzbildung nicht gelingen kann. Es ist ihre Meinung, dass die Unterschiede die Bewegung nicht schwächen müssen, sondern ganz gegenteilig diese stärken kann. »In der Frauenbewegung« bemerkt Lorde,

> »konzentrieren sich weiße Frauen auf ihre Unterdrückung als Frau und ignorieren alle Unterschiede bezüglich Race, sexuelle Präferenz, Klasse und Alter. Eine vermeintliche Homogenität von Erfahrungen, die es in Wirklichkeit nicht gibt, wird mit dem Begriff Sisterhood verschleiert« (ebd.: 133).

Kollektive, solidarische Gruppen, Allyship und Bündnisse entstehen und sind Teil oder auch Ergebnis von Protesten und sozialen Bewegungen. Sie machen die Dringlichkeit sichtbar, innerhalb politischer Praxis über die Art und Weise von Beziehungsherstellung und Gemeinschaft nachzudenken. Inspiriert von diesen Ideen und den Gedanken, wollen wir auf den folgenden Seiten unsere Idee der Freund*innenschaft als Grundlage politischen Miteinanders nachgehen und diese diskutieren.

3 Dreiklang der Freund*innenschaft

> »Das Wort ›frei‹, bemerkt Byung-Chul Han, bedeutet seiner Etymologie nach *unter Freunden sein.* Sowohl Freiheit als auch Freund gehen auf die indogermanische Wurzel *frei* zurück, die *lieben* bedeutet. *Freiheit ist Freundlichkeit*« (Han 2022: 111, Hervorhebungen im Original).

Wie Byung-Chul Han darlegt, besteht eine enge Beziehung zwischen Freiheit, Freundlichkeit und Freund*innenschaft. Und ist es nicht so, dass wir uns selten so frei fühlen wie wenn wir mit Freund*innen Zeit verbringen? Sich gehen lassen können; nicht erklären müssen; Fehler machen können – alles Assoziationen, die wir mit Freund*innenschaft verbinden. Solidarität und Allyship erscheinen im Gegensatz zu Freund*innenschaften eher affektarm. Im Gegensatz zu diesem bleibt in den Freund*innenschaften immer ein Rest des Unerklärbaren: Warum haben wir uns angefreundet? Wieso lösen das gemeinsame Lachen, Kämpfen und Faulenzen so viel Freude aus? Wir ahnen, dass Freund*innenschaft viele der Elemente beinhaltet, die wir schon im Kollektiv und in der Solidarität ausmachen konnten. Jedoch bleibt ein Überschuss, der in diesen politischen Konzepten nicht aufgeht.

Beginnen wir bei den alten Griechen: Für Aristoteles gibt es drei Modi, durch die sich Freund*innenschaft zeigen kann: Der Modus der Zweckmäßigkeit, der des Vergnügens und der der Tugend (Evans 2016: 2). Auch wir sehen einen Dreiklang in der Freund*innenschaft. Allerdings sind diese für uns: Poetik, Erotik und Ethik; gleichzeitig und nicht konkurrierend. Freund*innenschaften sind poetisch, weil sie keine sozialen Ordnungssysteme wie etwa Familie, Verwandtschaft und Staatsbürger*innenschaft darstellen. Im Gegenteil, sie stören national-normative Vorstellungen von Zusammengehörigkeit – wie die Poetik eine normative Grammatik zerschlägt. Damit erlauben sie, dass Menschen zusammenkommen, die normativen Vorstellungen zufolge nicht zusammenkommen sollten, so dass sie von ihrer Genese her anti-normativ angelegt sind. Denken wir nur an die *komplizierte Freundschaft* zwischen Heinrich Böll und Paul Celan (Piszczatowski 2018). Der katholische deutsche Schriftsteller, der im 2. Weltkrieg Wehrmachtssoldat war, und der jüdische Dichter, dessen Eltern 1942 in ein Zwangsarbeitslager deportiert wurden. Sein Vater starb im Lager an Typhus, während seine Mutter erschossen wurde. Celan selbst war von 1942 bis 1944 in verschiedenen rumänischen Arbeitslagern. 1970 nahm er sich das Leben. Ist es möglich eine Freund*innenschaft zu erhalten unter solch politisch und sozial zerreißenden Umständen? Manche behaupten rigoros, nein, anderen ist der Briefwechsel Beweis dafür, dass dies eben doch möglich war. Wir wollen hier nicht beurteilen, ob die Beziehung, die durch die vielen Briefe attestiert ist, als Freund*innenschaft zu bezeichnen ist. Stattdessen hilft uns das Beispiel die Möglichkeiten von Freund*innenschaft zu extrapolieren. Ist es möglich Freund*innenschaften zwischen Menschen zu finden, die in Zeiten historischer Gewalt zwei extreme Positionen eingenommen haben? Können Freund*innschaften stärker als Affekte von Schuld, Scham und Rache sein? Wir wollen daran glauben, ohne einer naiven Idee von grenzüberschreitender Liebe anheim zu fallen. Sie ist wohl möglich, wird aber Erhebliches von den Subjekten abverlangen. Deswegen poetisch: der Rhythmus muss neu erfunden, die Semantik neu entworfen werden.Der Film *Zaytoun – Geborene Feinde, echte Freunde*[8] von Eran Rikli stellt den Versuch dar, den sogenannten Nahost-Konflikts über die etwas überspannte Geschichte einer Freund*innenschaft zu

8 Film *Zaytoun*, Drama, 2012. Regie: Eran Riklis; Drehbuch: Nader Rizq, Darsteller*innen u.a.: Stephen Dorff, Abdallah El Akal, Alice Taglioni.

erzählen. Fahed (Abdallah El Akal), sein Vater und Großvater leben in einem Flüchtlingslager in Beirut. Es ist das Jahr 1982, seine Mutter hat Fahed schon früh im Krieg verloren. Nur ein kleiner, zarter Olivenbaum ist ihnen von ihrer Heimat in Palästina geblieben und der Vater will ihn nur in die heimatliche Erde pflanzen. Doch der Vater wird bei einem Bombenangriff der israelischen Armee getötet und Fahed wird zum Widerstandskämpfer. Er schießt dem gefangen genommenen israelischen Kampfpiloten Yoni (Stephen Dorff) ins Bein. Yoni kann zwar fliehen, wird aber von Fahed verfolgt, der ihm schließlich einen Handel vorschlägt. Wenn dieser mit ihm das Land seiner Familie sucht, um dort den Olivenbaum einzupflanzen, wird er ihm helfen, nach Israel zu kommen. Eine Reise, die es in sich hat, beginnt. Unterwegs durch den kriegsgebeutelten Libanon entwickeln die beiden ungleichen Menschen eine immer enger werdende Beziehung. Doch am Ende bleibt die Ungewissheit, ob die beiden Freunde bleiben oder sich doch wieder verfeinden. Der Film, der zum Teil harsche Kritik erntete, weil er vielen Kritiker*innen zu kitschig war, endet mit einer Frage und entlässt die Zuschauenden nicht in die beruhigende Verklärung. Übrig bleibt bei beiden Beispielen nur die Potentialität. Es ist möglich, die Freund*innenschaft über Hass und Vernichtung hinweg aufzubauen, doch wie und unter welchen Bedingungen, das bleibt die Frage.

Freund*innenschaften beinhalten immer auch eine erotische Komponente. Erotik verstehen wir in einem erweiterten Sinne als Zärtlichkeit und Empathie, die nicht sexueller Art sein muss. Freund*innenschaften ermöglichen Nähe und Intimität, ohne dass das Begehren notwendigerweise sexuell ausgelebt werden muss. Und schließlich sind Freund*innenschaften notwendig, um ethisch handeln zu können. Sie fungieren als Kompass, der uns zwischen die Klippen des in vielfältiger Weise herausfordernden Lebens führt. Sie sind das Terrain, auf dem wir unsere ethischen

Praxen einüben. Sie zeigen uns die Grenzen des eigenen Egoismus und Narzissmus und üben die diversen Einheiten des In-Beziehungsseins ein: Empathie, Sorge, Mitgefühl wie auch das Freuen-für (oder Gönnen-können) oder eben die Lust und die Empörung.

Poetik, Erotik und Ethik beschreiben Freund*innenschaft in ihrer Entstehung; sie erklären sowohl ihre Stabilität als auch die Fragilität und vor allem sind es die Komponenten, die eine politische Praxis bereichern.

Im Nachfolgendem nähern wir uns dem Dreiklang, um ein klares Bild von dem Phänomen der Freund*innenschaft bereitzustellen und um diese für die politische Praxis freizulegen.

3.1 Poetik. Freund*innenschaft als eine Beziehung mit eigener Grammatik

Nachdem wir einige verwandte Konzepte erläutert haben, wenden wir uns dem ersten Klang im Zusammenhang mit Freund*innenschaft zu: der Poetik. Die Poetik der Freund*innenschaft verweist sogleich auf eine wichtige Differenz zu den zuvor bestimmten Konzepten, können wir Poetik doch als eine Praxis beschreiben, die in der Lage ist, Beziehungen herzustellen, die das Normative und Gleichgültige überschreiten. Poesie irritiert nicht zufällig die herrschende Grammatik – also Sprachlehre. Poesie muss sich nicht an die Vorgaben und festgelegten Strukturen derselben halten. Im Gegenteil, die Sprache der Poesie folgt diesen Regeln ganz explizit nicht. Die Zeiten können sich in einer Aussage ändern, die Metaphern und Bildkompositionen den Lesenden Freiräume des nicht-linearen Denkens eröffnen und damit auch alternative Temporalitäten ermöglichen. Wiederholungen und Lücken im Text befreien das Denken vom Korsett des Subjekt-Prädikat-Objekt-Satzes. Sprachen werden verschmutzt und bereichert. Poesie und Proteste haben ein gemeinsames Vokabular aus Wiederholungen und vielfältigen Rhythmen. Protest wie Poesie können verwirrend sein und ergeben oft nicht sofort Sinn. Ähnlich ist es mit Freund*innenschaften. Sie ermöglichen uns zu pausieren und den Rhythmus zu wechseln: uns mit dem schnellen Urteil zurückzuhalten und uns aufeinander und die Welt einzulassen. Es ist nicht von ungefähr, dass die feministischen Bewegungen der 1970er und 1980er Jahre Poesie zu einem wichtigen Raum und notwendiger Praxis der Wissensproduktion und -vermittlung machte. Insbesondere jene, die als weiblich gelesen wurden und sich als Frauen bestimmten, jedoch diese Zuschreibung in vielfacher Weise durchkreuzten, nutzen die Poesie, um andere Erfahrungen begreifbar zu machen. *Lesbians of Color* wie Audre Lorde oder wie die jüdische Poetin Adrienne Rich fanden in der Poesie ihre widerständige Stimme. Lordes Gedicht *Es gibt keine ehrlichen Gedichte über tote Frauen* (1994: 67) fragt nach einem wichtigen Danach:

> Was wollen wir voneinander
> nachdem wir unsere Geschichten erzählt haben
> wollen wir
> geheilt werden   wollen wir
> daß moosige Stille sich über unsere Narben legt
> wollen wir
> die starke unerschrockene Schwester
> die den Schmerz verscheuchen wird
> Mutters Stimme   im Flur
> du hast es richtig gemacht
> zum ersten Mal   Liebling
> du wirst es nie
> wieder tun müssen.
>
> Donner grollt am Horizont
> ich erkaufe mir Zeit mit einer weiteren Geschichte
> eine fahle luftgefüllte Blase
> Kadenzen toten Fleisches
> verdunkeln die Vokale.

Poesie lässt es zu, geteilte Erfahrungen zu beschreiben, ohne in einem romantisierenden Besingen eines geteilten Leids stecken zu bleiben. Lordes Gedicht tut genau das, was es beschreibt, es gibt uns Zeit und stört den Drang nach der nächsten Geschichte. Zuhören wird hier zu einem Akt des Stehenlassens. Geteilte leidvolle Erfahrungen benötigen kein schnelles Galoppieren zur nächsten Geschichte, um die gewaltvollen Geschichten aushalten zu können. Sorgendes Zuhören bedarf der Zeit und Geduld. Ganz im Gegensatz zu einem hegemonialen Zuhören, bei dem nur das gehört wird, was in das eigene hegemoniale Denksystem passt. Freund*innenschaften stellen diese beiden unfassbaren Güter zur Verfügung. Sie folgen eher einer Logik des Schenkens und weniger einer des Tausches. Schenken wird nicht als Verlust erlebt und geht nicht unbedingt mit der Erwartung einher, auch beschenkt zu werden (siehe Därmann 2010). Dem Schenken wohnt die Bedingungslosigkeit inne.

Das argentinische Kollektiv *Ni Una Menos* (2018), schreibt in seinem ersten Band, der Manifeste und Statements aus den letzten drei Jahren Arbeit der Bewegung zusammenträgt, dass Politik ohne Poesie Bürokratie sei, »weil Politik ohne Autonomie reines Kalkül ist, weil Politik ohne einen Körper reine Repräsentation ist. Wir erfinden die Welt, in der wir leben wollen« (NiUnaMenos 2018: 4). Gleichzeitig werden im selben Text Freund*innenschaften als Gegenentwurf zu einer gelernten Konkurrenz in kapitalistischen Strukturen vorgestellt. Freund*innenschaft ist bei *NiUnaMenos* von besonderer Bedeutung für die politische Organisierung. Und das liest sich so:

> »Wir schreiben, um die Straßen zu besetzen und den gemeinsamen Raum neu zu erfinden und um den staatszentrierten, patriarchalischen und kolonialen öffentlichen Diskurs zu sprengen. Weil wir von dem Wunsch getrieben werden, ein anderes Leben zu leben. Nicht eine weniger. Frei, unverschuldet und begehrend, lieben wir uns!« (ebd.).

Die Gewalt gegen Frauen* wird retourniert mit einer aktiven Arbeit an Zusammenhalt und dem Versuch, Beziehungen zu leben, die die kapitalistische, koloniale und patriarchale Logik durchbrechen.

Wann immer sich soziale Gruppen gegen ihre Unterdrückung und Beherrschung wehren, entstehen poetische Werke: Werke des Widerstands. Das mutet zunächst paradox an: Sollte auf Gewalt nicht vor allem Gewalt folgen? Ein Blick in die Arbeiten von Édouard Glissant zeigt uns andere Wege auf.

Der 1928 in Martinique geborene und 2011 in Paris gestorbene Glissant gilt als bedeutender Intellektueller der französischsprachigen Karibik und als einer der Vordenker postkolonialer Perspektiven und Theorien. Unter anderem entwarf er eine »Poetik der Beziehung« (*Poétique de la Relation*). Diese beschreibt eine Identität, die sich nicht über Herkunft oder Abstammung bestimmen lässt, sondern die aufgrund der Vielfalt der Beziehungen bestimmt wird. »Das Unterschiedliche«, schreibt Glissant (2005: 60) in *Philosophie der Weltbeziehung,* »lässt jede Ausgrenzung, jeden Rassismus wegen ihrer Eindimensionalität zu Staub zerfallen«. Dies ist geradezu ein Plädoyer für grenzüberschreitende Freund*innenschaft. Nur eine »Poetik der Beziehung« kann uns Glissant zufolge aus einem Denken des Monolithischen und Verwurzelten heraushelfen. Die »Poetik der Beziehung wird uns womöglich«, wie Glissant schreibt, »aus dem abgeschlossenen Raum (...) entkommen« helfen (ebd.: 20). Der faszinierende und schillernde Vorschlag Glissants, der selbst auch Poet war, verlässt die Enge einer Zweierfreund*innenschaft und erhebt unsere Beziehungen zur Welt zum Ziel. Der »abgeschlossene Raum« kann dabei sehr unterschiedlich interpretiert werden. Wir verstehen ihn als den identitären Raum, der uns von anderen zugewiesen wird und der strukturiert ist durch Sexismus, Rassismus, Klassenherrschaft, Antisemitismus, der Idee eines normativen Körpers und den angeblich angemessenen Affekten, die wir hervorbringen sollten. Alles scheint danach zu streben, uns in homogenen Bubbles einzusperren und uns der Langeweile des immerzu Gleichen zu überlassen. Glissant plädiert für die Überschreitung. »Ich behaupte«, so Glissant, *»daß die Welt sich kreolisiert.* Schlagartig und dabei in vollem Bewußtsein, werden die Kulturen der Welt in Kontakt gebracht, verändern sich in ihrem Austausch« (ebd.: 11). Und wenn diese, wie Glissant ausführt, auch zu Kriegen und erbitterten Auseinandersetzungen führen können, so können sie eben auch Vorboten von Etwas-zu-erhoffenden sein: einer »schmerzhaften Mutation« (ebd.), die das Denken ergreift, das dann nicht mehr der Identität folgt, sondern sich kreolisiert. Denn es ist, so seine Ansicht, wichtig die »Unterschiedlichkeiten zu empfangen« und das in Begegnungen, so dass Diversitäten erreicht werden, die als Material für das herhalten, was Glissant als »All-Welt« (*Toute-Monde*) bezeichnet (Glissant 2021: 25). Diese aktuelle Welt, die auch als »Chaos-Welt« bezeichnet werden kann, ist voller Potentialität. Es geht dann nicht nur um diverse Teams oder diverse Organisationen, sondern um mögliche Diversitäten, die sich in uns allen wiederfinden lassen. Freund*innenschaften sind ein idealer Ort, an dem diese Potentialität gären und tatsächlich Neues ausbrüten kann. Freund*innenschaften können in unserer heutigen Zeit, die von Neoliberalismus, Klimawandel, digitaler und analoger Hassrede geprägt ist, als ein Modell für positive politische Beziehungen dienen und repräsentieren einen Ort für politischen Kampf. Sie können das Potential entfalten, die Regeln jener institutionalisierten Formen des (politischen) Miteinanders zu brechen und durch alternative, ästhetische und poetische Beziehungsformationen zu ersetzen (Evans 2016: iii). Freund*innenschaften mögen in Kontexten entstehen, in denen wir uns aufgrund unserer verschiedenen Identitäten aufhalten (z.B. als Kolleg*innen, Studierende, Vereinsmitglieder oder Nachbar*innen), sie können aber niemals der Logik dieser jeweiligen Identitäten unterworfen werden. Damit Freund*innenschaften entstehen können, braucht es stets etwas Unfassbares, Unerklärbares, etwas, das über die institutionellen und logischen Regeln identitärer Zugehörigkeiten hinausgeht. Freund*innenschaft könnte daher als ein Ort des Kampfes verstanden werden, an dem Logiken der Identifizierung und der Individualisierung in Frage gestellt, herausgefordert und zuweilen verworfen werden (ebd.: 22).

Der Moment der Freund*innenschaft ist deswegen kaum zufällig auch innerhalb utopischer Diskurse von besonderer Bedeutung (vgl. Castro Varela 2007). Mit wem erdenken wir eine bessere Welt? Mit wem wage ich meine verrückten Phantasien zu planetarischer Gerechtigkeit zu teilen? Wer hält meine verrückten Ideen aus? Genießt sie vielleicht?

Im Zusammenhang mit seinem Konzept der »Ästhetik der Existenz« weist Foucault Freund*innenschaften einen gegendiskursiven Ort zu. Er sieht diese als einen Ort, an dem Neues gedacht und gelebt werden kann. Selbst wenn wir Gayatri Chakravorty Spivaks Aussage zustimmen, dass wir im Postkolonialismus unsere Freund*innen nicht mehr erkennen können (Spivak 1997: 124), so scheint es uns doch gerade notwendig, diese Form der Beziehung und Bindung neu zu denken, denn es ruhen gerade hier Möglichkeiten, den Zumutungen des Hier und Jetzt etwas Sinnvolles entgegenzusetzen.

Ein Blick in die Geschichte lässt uns Freund*innenschaften begegnen, die nicht nur innig waren, sondern auch in poetischer Weise geradezu besungen wurden. In einer Zeit, in der in Europa homosexuelles Begehren als pervers gebrandmarkt und als unchristlich beschrieben wurde, fanden sich gleichgeschlechtliche Freund*innen in der Situation ihr Begehren, ihre Beziehung zu verklären und/oder in eine andere Sphäre zu katapultieren. Michel de Montaigne, französischer Philosoph des 16. Jahrhunderts und

Begründer der Essayistik schrieb einen berühmten Essay über die Freund*innenschaft (2015/1580). Er führt hier eine interessante Unterscheidung zwischen einer gewöhnliche Freund*innenschaft[9] und der Zweierfreund*innenschaft ein. Erstere ist zweckgebunden, während letztere frei gewählt ist und auf gegenseitigem Vertrauen beruht. Die Zweierfreund*innenschaft entspringt, Montaigne zufolge, aus einer Seelenverwandtschaft und ist exklusiv. Beziehungen, die einen Nutzen verfolgen, sind für ihn lediglich Bekanntschaften. Freund*innen dagegen sind, so Montaigne, wie Doppelgänger*innen. Sie sind weder das Gegenstück vom Ich noch dessen Ergänzung. Geradezu hingebungsvoll schreibt er über seinen Freund*:

> »Unsere Seelen sind so einstimmig miteinander am Joch gegangen, haben sich mit so warmer Zuneigung betrachtet, sich einander diese gegenseitige gleiche Zuneigung bis auf den tiefsten Grund ihres Inneren schauen lassen – sodass ich nicht nur die seinige kenne wie meine eigene, sondern ich hätte mich, in Ansehung meiner, gewiss lieber ihm vertraut als mir selbst« (ebd.: 20-21)

Diese leidenschaftlichen Worte sind nicht unüblich, wenn über Freund*innen gesprochen wird. Freund*innenschaft hat immer auch eine erotische Komponente. Sie ist affektreich und produziert Affekte, die nicht immer einfach einzuordnen sind. Es existiert eigentlich keine Grenze zwischen Liebe und Freund*innenschaft, die Übergänge sind fließend. Montaigne der über die Wärme spricht, die er in der Freund*innenschaft kennengelernt hat, schreibt, dass diese »lieblich und sanft schmelzend« sei und »nichts Brennendes und Stechendes« habe (ebd.: 13). Im Essay, in dem voller Leidenschaft die Freund*innenschaft zu seinem Freund* Boethius besungen wird, wird gleichzeitig eine deutliche Grenze zu einem gleichgeschlechtlichen Verlangen gezogen.

9 De Montaigne widmet sich nur der Männerfreundschaft, doch sind seine Gedanken durchaus auf andere Gender-Konstellationen übertragbar.

Diese, die etwa bei »den Griechen« durchaus anerkannt wird, beschreibt Montaigne hart als »unnatürliche Liebschaften« (ebd.: 15). Tatsächlich ist Freund*innenschaft bei ihm aber dennoch homosozial: eine Freundschaft unter Männern*. Für ihn handelt es sich um eine geistige Verbindung, die nur mit einem Menschen allein geteilt werden kann. Wobei er bereitwillig schwärmerisch schreibt, dass er diesen Freund* »liebte«. »Es ist dabei etwas«, bemerkt er, »das über meinen Verstand geht [...] diese Vereinigung ward durch eine unbegreifliche, unwiderstehliche Macht vermittelt« (ebd.: 18). Diese Zweierfreund*innenschaft kann nicht gleichgesetzt werden mit dem, was Montaigne als Alltagsfreund*innenschaften beschreibt, denn im Gegensatz zu letzteren ist erster »unteilbar« (ebd.: 23). Montaignes Essay spricht von der Zuneigung und Verbindung zweier Männer*, die sich begehren, ja, lieben, aber die jegliches sexuelles Begehren von sich weisen. Was sie teilen ist vor allem die Innigkeit der Gedanken, die Vertrautheit der Worte, die ästhetischen Vorlieben etc. Während in Alltagsfreund*innenschaften eben alltägliches geteilt wird, ermöglicht die Zweierfreund*innenschaft das Gespräch auf einer anderen Ebene: emotional, ästhetisch als auch intellektuell.

Mitte der 70er Jahre schreibt die US-amerikanische Historikerin Carroll Smith-Rosenberg den Aufsatz *The Female World of Love and Ritual: Relations between Women in Nineteenth-Century America*, der 1981 für den Sammelband *Listen der Ohnmacht* der Schweizer Historikerinnen Claudia Honegger und Bettina Heintz ins Deutsche übersetzt wurde. Die Schrift gilt als eine der ersten, die sich historisch mit der Frage von Frauenfreund*innenschaften auseinandersetzt. Ein Thema, das bis dahin von den Geschichtswissenschaften ignoriert wurde. Das Material, das Smith-Rosenberg dafür untersuchte, waren Tagebücher und Briefe von Familien aus dem 18. und 19. Jahrhundert, die ein breites Spektrum der US-Mittelschicht abbildeten. In den Archiven stieß die Historikerin auf Dokumente innigster Freund*innenschaft, die Räume herstellen konnten, zu denen Männer keinen Zugang hatten. Räume der Anteilnahme und Empathie.

> »Im deutlichen Gegensatz zu ihrem distanzierten Verhältnis zu jungen Männern hatten junge Frauen untereinander sehr enge Beziehungen, die oft voll Ausgelassenheit und Zärtlichkeit waren und überraschend lange hielten. Sie schickten sich geheime Briefe, verbrachten lange Tage zu zweit, kuschelten sich nachts im Bett aneinander, um sich Träume und Geheimnisse zuzuflüstern« (Smith-Rosenberg 1981: 258).

Diese Freund*innenschaften waren zumeist platonischer Art und dennoch voller Begehren und Intimität. Zärtlichkeit wurde oft in romantisch anmutenden Briefen geäußert und befördert. Smith-Rosenberg ist der Ansicht, dass Frauenfreund*innenschaften, anders als später im 20. Jahrhundert, durchaus erlaubt waren und keineswegs tabuisiert wurden.

> »Das heißt, dass vermeintlich repressive und destruktive Sexualethos der viktorianischen Zeit war vielleicht flexibler und hat möglicherweise den Bedürfnissen bestimmter Individuen besser entsprochen als dasjenige Mitte des 20. Jahrhunderts« (ebd.: 265).

Mit dem Beginn der Frauen*- und Lesbenbewegungen kam es interessanterweise zu einer wahren Implosion poetischer Produktionen. Frauen*/Lesben schreiben Gedichte, um ihre Gefühle, Wahrnehmungen, Erfahrungen aber auch politische Ansichten zu vermitteln. Lange vor den *Poetry Slams* wurde Poesie in Kreisen politisiert, in denen Freund*innenschaft auch als Schwesternschaft gefeiert wurde. Zwei besonders prominente Intellektuelle, Feministinnen und Poetinnen haben wir bereits genannt: Audre Lorde und Adrienne Rich, die auch eine langjährige Freund*innenschaft verband. Erwähnt werden muss aber auch Gloría Anzaldúa, die in ihrem Buch *Borderlands/La Frontera* (1987) so viele Grenzen überschreitet, dass der Buchtitel geradezu Programm ist. Das Buch ist eine Reise durch koloniale, rassistische, sexistische und queerfeindliche Gewalt und ein Dokument vielfältigen Widerstands. Anzaldúa wechselt kontinuierlich nicht nur zwischen den Sprachen (Englisch, Spanisch, Spanglisch und Nahuatl), sondern auch zwischen Poesie, Erfahrungsberichten und wissenschaftlicher Analyse. Sie wirbelt die Grenzen durcheinander, zeigt sich ihnen gegenüber respektlos. Ähnlich wie Glissant nimmt sie die Gewalt der Kolonisierung als Herausforderung an und öffnet Felder der Imagination, in denen andere Identitäten und Räume möglich werden. Die neue Mestiza ist für sie ein Subjekt, das Toleranz für Widersprüche und Zweideutigkeit entwickeln kann. Ein Subjekt, das mit den Kulturen zu jonglieren lernt. Die neue Mestiza

> »hat eine pluralistische Persönlichkeit, sie agiert in einem pluralistischen Modus – nichts wird verdrängt, weder das Gute, noch das Schlechte oder das Hässliche, nichts wird abgelehnt, nichts aufgegeben. Sie hält Widersprüche nicht nur aus, sondern verwandelt die Ambivalenz in etwas anderes« (Ebd.: 101).

Die Kraft, die aus Anzaldúas Texten und Gedichten strömt, ist eine Kraft, die ohne den Rückhalt in vielfältigen Beziehungen nicht denkbar ist. Anzaldúa ist Teil einer großen Chicana Community, die sich auch heute noch auf ihre Schriften bezieht. Die Poesie kann als ein wichtiges Band gedeutet werden, das den Zusammenhalt zwischen unterschiedlichen kulturellen Symbolen und Praktiken garantiert.

Die Poesie endet immer in der Zerschlagung von Grenzen und der Belebung neuer Räume. Sie singt von der Freund*innenschaft und schafft Platz für neue, bisher ungedachte Beziehungen.

3.2 Erotik. Freund*innenschaft begehren

> »Wir sollten uns deshalb bemühen, Homosexuelle zu werden, statt hartnäckig erkennen zu wollen, dass wir homosexuell sind. Das Ziel, auf das die Entwicklung der Homosexualität hinausläuft, ist das Problem der Freundschaft.«
>
> (Foucault 2005: 200-201)

Im Gegensatz zu Montaigne versteht Michel Foucault das Phänomen der Freund*innenschaft zwar ähnlich wie ersterer als Kern einer *Lebensform* und einer *neuen Ethik*, doch zieht Foucault keine Grenze zwischen Begehren und Freund*innenschaft. Eher dreht er die Perspektive gewissermaßen um. In seinem 1981 in der Zeitschrift *Gai Pied* erschienenen Interview entwickelt er dezidiert einen Freund*innenschaftsbegriff entlang des Versuchs, die Homosexualität über den sexuellen Aspekt hinaus als ein Geflecht von Beziehungen zu verstehen, das über alle Formen kategorisierbarer Beziehungen hinausgeht (Foucault 2005: 200-201). Die Freund*innenschaft wird dabei eben als jene in der Antike ausgelebte Beziehung zwischen freien Männern verstanden, die durchaus sexueller Natur sein kann, aber nicht muss. Sexualität wird im Foucault'schen Denken zweitrangig, eher Mittel zum Zweck und nicht identitätsstiftend (Foucault 2005: 203). Gleichzeitig wird sie aber nicht, wie etwa bei Montaigne verleugnet. Es ist vielmehr die Summe all jener Dinge, »über die man einander Freude und Lust bereiten kann«, die im Fokus des Interesses steht (ebd.: 201). Anders gewendet: Im Mittelpunkt steht die Entdeckung der Lust, nicht nur die eigene, sondern auch die des*der Anderen, wobei nicht die *Wahrheit* über die eigene Lust, die eigene Sexualität gesucht wird. Die Lust selbst steht im Mittelpunkt. Der Prozess der gemeinsamen Entdeckung der Lust ist das Wesentliche an dem von Foucault anvisierten Freund*innenschaftsbegriffs (Kammler et al. 2014: 253). Wenn Foucault von der Freund*innenschaft als einer

Lebensform spricht, verschiebt er den Fokus weg vom Verständnis der Homosexualität als einer Identität hin zu einer netzwerkartigen Praxis von Beziehungen, die über Zugehörigkeiten wie Klasse, Alter, Geschlecht und Bildungsniveau hinaus, gelebt werden kann und de facto wird. Dabei entwickelt er sein Verständnis von Freund*innenschaft als Lebensform im Kontext der »Community homosexueller Männer*«, in der die Freund*innenschaft die Vorstellung von Sexualität als rigide Identität herausfordert und jene Institutionen in Gefahr bringt, die die Heterosexualität als die einzige Form sexueller Praxis erzwingen möchten (Evans 2016: 7). Dabei entfaltet er das Bild eines komplexen Netzes von Beziehungen,

> »nicht so sehr wegen bestimmter innerer Eigenschaften der Homosexualität, sondern weil die Diagonalen, die jemand, der ›quer‹ zum sozialen Geflecht steht, darin ziehen kann, solche Möglichkeiten sichtbar zu machen vermögen« (Foucault 2005: 204).

Durch die Entscheidung Freund*innenschaften als eine Form von Beziehung zu praktizieren, die sich nicht kategorisieren lassen (wie bspw. im Falle von Ehe, Partner*innenschaft, flüchtige sexuelle Begegnungen oder eben rein platonische Freund*innenschaften) kann sie als Lebensform eine nicht hierarchische Kraft entwickeln, die die institutionelle Herrschaftsmacht durchkreuzt und selbst das Potential besitzt, eine neue Ethik hervorzubringen (ebd.: 203). Foucault beschreibt, wie zeitgleich mit der Pathologisierung und der Verdammung der Homosexualität ab dem beginnenden 17. Jahrhundert die heterosexuelle eheliche Bindung den Bereich einnimmt, der gerade in der griechisch-römischen Antike der Freund*innenschaft zugekommen war. Dabei verliert die Freund*innenschaft im Vergleich zur ehelichen Beziehung an Wert und verschwindet allmählich als soziale Beziehung, während der heterosexuellen Beziehung auf Kosten aller anderen Beziehungsformen ein natürliches Privileg eingeräumt wird. Diese Dynamik ist im Kontext einer breiteren Sexualpolitik zu verstehen, die gerade das uneindeutige der Freund*innenschaft, wie sie in der Antike ausgelebt wurde, ablehnt (Foucault 2005: 879, 920f.; Roach 2012: 12).

Doch wie sieht Freund*innenschaft für Foucault konkret aus? Was zeichnet sie aus, wie entwickelt sie eine ethische, die Herrschaft irritierende Kraft? Ein Ausgangspunkt bietet dabei Foucaults Begriff von der Sorge um sich selbst, wie sie in der griechisch-römischen Antike als eine ethische Praxis verstanden wurde. Die Sorge um sich selbst beinhaltete Selbstliebe, aber auch eine vertiefte Beschäftigung mit sich selbst zum Zwecke der Selbsterkenntnis und letztlich der Selbstverbesserung. Die Sorge um sich selbst ist ein Prozess, dem die ethische Überzeugung zugrunde liegt, dass nur der*diejenige sich ethisch korrekt und zum Wohle der Gemeinschaft verhalten kann, der*die aktiv an sich selbst arbeitet (Foucault 2005: 876, 880-881). Freund*innen sind eben diejenigen, die uns in diesem Prozess der Sorge, der Arbeit an uns aktiv und kritisch begleiten. Sie sind jene Menschen und jene Gruppen, mit denen wir an den historischen Bedingungen unserer Existenz arbeiten, mit denen wir die Praxis teilen, zu werden, wer wir sind (siehe Webb 2003). Dies beinhaltet die Teilnahme des*der Freund*in an der Praxis der Selbstprüfung des anderen (LeMaire u.a. 2020).

Im Gegensatz zu einer eher klassischen Ausformung des Verständnisses von Freund*innenschaft ist bei Foucault zweitrangig, ob der*die Freund*in mich mag oder nicht mag. Was zählt, ist der gemeinsame Weg, den wir gehen. Für Foucault ist eine solche Freund*innenschaft immer eine *parrhesiatische* (Parrhesia = freimütige Rede): Es ist die Praxis eines Dialogs, in dem die Beteiligten einander unverblümt begegnen und Wahrheiten übereinander aussprechen, und dabei auch in Kauf nehmen, sich gegenseitig wütend zu machen. Der mögliche Zorn des*der Freund*in wird in Kauf genommen (Roach 2012: 28, Kammler et al. 2014: 162). Freund*innenschaft bedeutet somit, sich in einem stetigen Dialog mit dem zu üben, was anders ist als wir und keinen Platz in unserer gegenwärtigen Identität findet.

> »Die Betrachtung der Freund*innenschaft als ›Lebensform‹, als eine Praxis, die in den Prozess der Subjektwerdung selbst eingreifen kann, ermöglicht einen Eingriff in die Individualisierung des modernen Lebens, die sich zum Teil in der tiefen Einsamkeit und den Gefühlen des Getrenntseins ausdrückt, die in der westlichen Gesellschaft heute so weit verbreitet sind« (Evans 2016: 7).

In dieser Auseinandersetzung mit dem Anderen können wir, so Foucault, unser Leben als Kunstwerk gestalten. Daher ist unser Sein, so Foucault, untrennbar mit der Schaffung eines Raums für das *Anderssein der Anderen* verbunden. An dieser Stelle kritisiert Foucault jene Form politischer Bemühungen, die einzig und allein auf Identitätspolitik beruhen. Wenn Identität als die wahre Essenz unserer Selbst verstanden wird, die wir entdecken und offenlegen, die unser Verhalten, unsere Gedanken und unsere (sexuellen) Beziehungen bestimmt, geht dabei das Prozesshafte, das Undefinierbare, das Enthierarchisierte unserer Begegnungen verloren:

> »Doch die Beziehungen, die wir mit uns selbst unterhalten müssen, sind keine Identitätsbeziehungen; sie müssen eher Beziehungen der Differenzierung, der Schöpfung und der Innovation sein. Es ist sehr langweilig, immer dasselbe zu sein. Wir dürfen die Identität nicht ausschließen, sofern die Leute auf dem Umweg über ihre Identität ihre Lust finden, aber wir dürfen diese Identität nicht als ein universales ethisches Richtmaß betrachten« (Foucault 2005: 914).

Würden wir einmal diesen Gedanken auf unsere Praxis des politischen Miteinanders übertragen, würden wir uns nicht lediglich mit jenen verbünden, die eine vermeintlich gemeinsame Identität mit uns teilen. Stattdessen teilen wir ein gemeinsames Werden mit jenen, die anders sind als wir, in dem wir einander freundschaftlich, freimütig und ohne institutionelle Schranken in der gemeinsamen Sorge um unser Selbst *und* den *Anderen* begegnen. Politische Allianzen gilt es in diesem Sinne über Identitäten hinaus in einer durchaus auch flüchtigen Assemblage von Differenzen einzugehen. Butler beispielsweise gibt zu bedenken, dass »der Begriff ›queer‹ (...) keine Identität, sondern ein Bündnis (bezeichnet).« Es sei, so Butler weiter, »ein guter Begriff, auf den wir uns berufen können, wenn wir im Kampf für soziale, politische und wirtschaftliche Gerechtigkeit unbequeme und unvorhersehbare Bündnisse eingehen.« (Butler 2015: 70) Das *Ich* ist in diesem Sinne keine wahllose Zusammenstellung von Identitäten, sondern eine allgemeine Versammlung, eine Assemblage. Wir *werden* in Begegnung mit Anderen und jede wahrhaftige Begegnung hinterlässt Spuren in unserem Selbst. Wir werden durchkreuzt und kontaminiert von den Anderen, die sich unserem Weg stellen. Freund*innenschaft ist ein Raum, in dem auch das gesagt werden kann, was anderswo verpönt ist. Die Meinungen müssen hier nicht unbedingt den allgemeingültigen Normen folgen.

Auch für Lorde ist Erotik nicht aus der Idee der Freund*innenschaft auszuklammern, vielmehr erklärt sie die Erotik zu einem zentralen Aspekt derselben. »Das Wort ›Erotik‹, schreibt sie, »leitet sich vom griechischen *eros* ab, der Verkörperung der Liebe in all ihren Formen. Erotik ist aus dem Chaos geborene Schaffenskraft und Harmonie« (Lorde 2021/1978: 54). Anders als Foucault arbeitet Lorde eine weibliche Form der Erotik aus. Für sie ist Erotik »weibliche Lebenskraft« und »schöpferische, ermächtigende Energie« (ebd.). Gerade weil Frauen* lange eine positive Erotik abgesprochen wurde, machen sich Feminist*innen wie Lorde auf den Weg, diese in weiblichen Beziehungen wiederzufinden und auszumachen. Erotik erscheint als Energie, die Freund*innenschaften durchzieht. Sie entsteht zwar, wie Lorde feststellt, aus dem Chaos stiftet aber Harmonie. Rich (1993/1976) verknüpft diese Gedanken mit der Notwendigkeit von Wahrhaftigkeit. In ihrem bekannten Text *Frauen und Ehre – Einige Gedanken über das Lügen (orig. On Lies, Secrets and Silence)* aus dem Jahre 1976 beschreibt sie die affektiven aber auch politischen Konsequenzen von Lügen. Lügen scheinen in Beziehungen zwischen Frauen* eine besondere Rolle zu spielen. Sie sind jedoch immer zerstörerisch:

> »Indem wir andere belügen, belügen wir schließlich uns selbst. Wir leugnen die Bedeutung eines Geschehens oder eines Menschen und berauben uns damit eines Teils unseres eigenen Lebens. Oder wir blenden ein Stück Vergangenheit oder Gegenwart mit Hilfe eines anderen aus. Auf diese Weise verlieren wir sogar Vertrauen in unser eigenes Leben« (Ebd.: 175-176).

Freund*innenschaften sind intensiv und grenzüberschreitend. Die Energie, die über erotische Beziehung erhalten wird, ermöglicht uns, eine intensive Beziehung zu leben. Bei Foucault ist es eine *parrhesiastische*, die den Mut hat dem*der Freund*in, die Wahrheit zu sagen. Diese zu konfrontieren mit Kritik. Ergänzend dazu verlangt Rich danach, Wege zu suchen, nicht zu lügen, selbst wenn die Lüge das Leben zunächst scheinbar einfacher macht. »Um eine ehrenhafte Beziehung« zu führen, schreibt Rich, »muss ich nicht unbedingt alles verstehen« oder »sofort alles sagen«; viel eher geht es darum, ein Begehren danach zu entwickeln, sagen zu können, was ist. Es ist das Bemühen danach sich, obwohl es oft beängstigend ist, nach Möglichkeiten zu suchen, die Wahrheit in der Freund*innenschaft zu suchen. Das Nachdenken über Erotik lässt uns in den letzten Sound der Freund*innenschaft übergehen: die Ethik.

3.3 Ethik. Freund*innenschaft und das Einüben ethischer Reflexe

Spivak zufolge ist Ethik der Moment, in dem wir vielleicht das Richtige tun. Ethik erweist sich als eine Praxis, die gelernt werden muss. Wie bereits Richs Ausführungen zum Lügen aufgezeigt haben, verlangen Freund*innenschaften nach einem ethischen Umgang miteinander. Wir könnten jedoch auch sagen, dass es eben die Freund*innenschaften sind, in denen wir jenes Handeln erproben können, das richtig und gut ist. Wir werden nicht als ethische Subjekte geboren, sondern müssen dazu gemacht werden. Wir brauchen Anleitung. Oft sind es Krisen, die uns die wichtigsten Lektionen geben: persönliche, soziale und historische.

Im Folgenden wird es darum gehen, darüber nachzudenken, wie es um diese Ethik steht, was sie ausmacht und was sie für unsere politische Praxis bedeuten kann. Wie können wir *menschlich* werden?

Im Spielfilm *Wo ist das Haus meines Freundes?* (1987)[10] des iranischen Regisseurs Abbas Kiarostami geht Ahmed gemeinsam mit seinem Freund Mohammed in die zweite Klasse einer Dorfschule nördlich von Teheran. Mohammed wird von dem Lehrer vor der ganzen Klasse getadelt, weil er wiederholt seine Hausaufgaben nicht wie vorgegeben in einem Heft, sondern auf losen Blättern gemacht hat. Ihm wird sogar mit einem Schulverweis gedroht, falls er dies nochmal tun sollte. Zu Hause angekommen, entdeckt Ahmed zu seinem Bedauern, dass er aus Versehen

10 Film: »Wo ist das Haus meines Freundes?«, Iran, 1987, Drehbuch und Regie: Abbas Kiarostami, Darsteller*innen: Babek Ahmed Poor, Ahmed Ahmed Poor, Kheda Barech Defai, Iran Outari, Ait Ansari u. a., Kamera: Farhad Saba. Der Originaltitel in Farsi lautet »Khaneye dust kojast? Die genaue Übersetzung wäre entsprechend »Wo ist das Hause *des* Freundes?« und verweist auf den allgemeinen Charakter der Freund*innenschaft.

Mohammeds Heft eingesteckt hat. Nun beginnt für Ahmed eine lange Suche nach dem Haus seines Freundes in dem benachbarten Dorf, um ihm sein Heft zu überreichen und ihn vor dem Schulausschluss zu bewahren. Dabei wird er von den Erwachsenen, denen er begegnet, seinen Eltern, Großeltern und den Menschen aus dem Dorf nicht nur nicht unterstützt, ihm werden ständig Steine in den Weg gelegt. Ohne das Haus von Mohammed gefunden zu haben, kommt Ahmed enttäuscht und traurig zu Hause an. Am nächsten Tag übergibt Ahmed Mohammed schnell sein Heft, in dem er schon die Hausaufgaben für ihn erledigt hat.

In diesem minimalistischen wie poetischen Film stellt Kiarostami mit der langwierigen Suche Ahmeds nach Mohammeds Haus den unnachgiebigen und bedingungslosen Einsatz eines Menschen für das Wohl seines Freundes dar. Beide Kinder scheinen der Willkür und der Autorität der Erwachsenen ausgeliefert zu sein, die ihnen nicht zuhören (wollen). Dieser Willkür ausgesetzt, beugt sich Ahmed bis zum Ende nicht: Indem er sich für einen Freund stark macht, scheint er sich auch für sich selbst einzusetzen. *Wo ist das Haus meines Freundes?* erzählt von der Ethik der Freund*innenschaft durch die Brille des Lebens zweier Schuljungen. Ein Lehrstück der ethischen Reflexe – hervorgebracht durch eine tiefe Freund*innenschaft, die keine Hindernisse scheut, den anderen vor Willkür zu schützen. Letztlich ist es wie Butler bemerkt:

> »Menschlich zu werden, ist eine Urnotwendigkeit, es ist natürlich eine Qual, aber auch eine Chance: die Chance, angesprochen, gefordert zu werden, an das gebunden zu werden, was man nicht selbst ist – aber auch bewegt, um Handeln, zu unseren eigenen, wieder anderen geltenden Anreden veranlasst zu werden und so das selbstgenügsame, als Besitz verstandene ›Ich‹ hinter sich zu lassen. Wenn wir von hier aus sprechen und Rechenschaft zu geben versuchen, werden wir nicht verantwortungslos sein, und wenn doch, so wird man uns bestimmt vergeben.« (Butler 2007: 180).

In seinem Buch *Friendship as a Way of Life* (2012) greift Tom Roach auf ein Werk von Foucault (1984) zurück, um eine neue Form des sozialen Zusammenhalts zu skizzieren. Foucault zufolge hat Freund*innenschaft nicht nur ein erotisches, sondern auch ein besonderes politisches Potential, weil sie im Gegensatz zu anderen Formen der Intimität wie Ehe, Familie oder Liebesbeziehungen nicht an Institutionen gebunden bleibt. Menschen schließen Freund*innenschaften mit Menschen unterschiedlicher Generationen, sozialer Hintergründe und sexueller und geschlechtlicher Identitäten. Solche grenzüberschreitenden Freund*innenschaften, so Roach, die weit über eine identitätspolitische Praxis hinausgehen, wurden häufig bei frühen AIDS-Aktivist*innen in Pflegenetzwerken oder in der Sterbebegleitung beobachtet. Aktivist*innen, die Teil solcher AIDS-Netzwerke waren, begleiteten AIDS-Patient*innen beim Sterben, auch wenn sie diese vorher nicht persönlich kannten. Die Aktivist*innen waren in der Lage Liebe, Nähe und Fürsorge für Menschen, die ihnen vorher unbekannt waren, zu zeigen:

> »Solche Gruppen verwandeln die Freund*innenschaft geteilter Entfremdung in eine Form des biopolitischen Widerstands, der die Grenzen von Geschlecht, *Race*, Klasse und Generation überschreitet und radikaldemokratische Formen der Staatsbürger*innenschaft und der Bürger*innenbeteiligung fördert. In der Tat bietet die Politisierung von Freund*innenschaft als geteilte Entfremdung in der AIDS-Pflege und im Aktivismus ein starkes Modell für biopolitische Formationen, die nicht in die Dialektik von Identität und Differenz eingebunden sind« (Roach 2012: 12).

Auch Pandemien stellen uns immer wieder vor Herausforderungen, neue Beziehungsmöglichkeiten auszuprobieren. Bleiben wir in unserer Komfortzone oder gelingt es auch mit Menschen in Kontakt zu kommen – eventuell auch Freund*innenschaften zu leben –, die uns womöglich zu Beginn seltsam erscheinen. Die von Roach beschriebenen Pflegenetzwerke sind vielleicht erste queere Freund*innenschaften. Seltsam eben, aber auch stark und ethisch.

Ein anderes Beispiel sind Freund*innenschaften, die die Grenzen des Rassismus überschreiten, weil es politisch notwendig ist. Die archiv-basierte Ausstellung im Haus der Kulturen der Welt in Berlin *The Missed Seminar. Nach Eslanda Robeson. In Dialog mit Steve McQueens End Credits* (2022) widmet sich einer zunächst ungewöhnlich anmutenden Freund*innenschaft zwischen der afro-amerikanischen Anthropologin, antikolonialen Schriftstellerin und Fotografin Eslanda Goode Robeson, ihrem Mann Robert Robeson, der zu dieser Zeit unter anderem ein bekannter afroamerikanischer Schauspieler und Musiker, aber auch einer derjenigen war, der vor der UNO eine Eingabe eingereicht hat, um die Versklavung Schwarzer Menschen als Genozid zu verurteilen, und dem jüdischen Philosophen Franz Loeser. Was einte diese drei Personen? Es war der Glaube an den Kommunismus; der Glaube daran, dass eine gerechtere Welt möglich sei. Eine Hoffnung, die wie wir wissen, nicht eingelöst werden konnte, aber dennoch eine politische Freund*innenschaft begründete, die geleitet wurde von dem Begehren, den Lauf der Geschichte zu ändern. Matana Roberts bemerkt sehr treffend über Paul und Eslanda Robeson:

> »Ich erkannte bei ihnen eine Hingabe an die vergangene, aber auch zukünftige Geschichte. Sie kamen aus einer Historie, in der sie gewissermaßen von den Opfern der Menschen ihrer anzestralen Linie profitieren. Sie hatten einige der Freiheiten erkämpft, begrenzte, aber immerhin Freiheiten, die sie zu Lebzeiten genießen konnten. Und sie waren sich auch bewusst, dass die Freiheiten, die ihnen gewährt wurden, nicht ausreichten. Es gab mehr zu erkämpfen. Es gab mehr herauszufinden, zu dokumentieren und zu bezeugen« (Lewis/Mende/Roberts/ Thurman 2022: 45).

Freund*innenschaft und ein oft verschwiegener politischer Internationalismus zwischen Afro-Amerikaner*innen und Ost-Deutschen überwand die Partikularen Interessen. Freund*innenschaft bedeutet hier, die eigene kleine Freiheit zu nutzen, um mehr herauszufinden, mehr zu erfahren und letztlich für mehr zu kämpfen.

Wenn über politische Allianzen gesprochen wird, werden die vielfältigen und unzähligen Beispiele von Freund*innenschaften, die etwa rassistisch definierte Grenzen überschreiten, häufig unterschlagen. Manchmal scheint es so, als wäre zum Erhalt der kapitalistischen Hegemonie notwendig, transgressive Freund*innenschaften unter Verschluss zu halten, sind sie doch Beweis dafür, dass die Grenzen, die historische Gewalt gezogen haben, überschreitbar sind. In dem Buch *Between Camps: Nations, Culture and the Allure of Race* (2000) geht Paul Gilroy einen Schritt weiter und plädiert für einen neuen Humanismus, der kosmopolitisch sein sollte. Er bietet hier gleichsam eine neue politische Sprache an, die eine ethische Vision entfaltet bei der Identitätspolitiken überwunden und neue Formen antirassistischen Handelns gefunden werden. Zu fragen wäre, welche Rolle in einem solchen Projekt Freund*innenschaften spielen müssten.

Für Aristoteles, den wir schon zu Beginn der Dreiklang Betrachtung erwähnten, stellt die Freund*innenschaft stets eine ethische Frage dar. Seine ethische Betrachtung der Freund*innenschaft entwirft einen streng moralischen Verhaltenskodex, der definiert, wie wir uns gegenüber unseren wahren Freund*innen zu verhalten haben (Evans 2016: 3). In diesem Zusammenhang ist auch die Qualität der Beziehung eine wichtige. Die Literaturwissenschaftlerin Raffaela Baccolini etwa präsentiert in ihrem Artikel *Kindness and Solidarity as Political Acts* (2017) Argumente für die Aufwertung von »Freundlichkeit/Wohlwollen« (im Original »kindness«), die sie neben der Solidarität als politische Praxis versteht. Wir nehmen ihre Gedanken als einen bedeutsamen Anlass, um über »ethische Reflexe« im Sinne Spivaks weiterzudenken. Anlehnend an die Schrift des Psychoanalytikers Adam Phillips und der Historikerin Barbara Taylor *On Kindness* (2010) arbeitet

Baccolini anhand von Erfahrungen und literarischem Material heraus, wie *kindness* zu einer überkommenen Tugend im Westen geriet. Das Gefühl des Wohlwollens wird, so führt sie aus, verweiblicht und damit abgewertet, disqualifiziert. Wer wohlwollend auf die Fehler der anderen schaut, gilt als weniger rational und intellektuell.

> »Wir leben in einer Zeit der Ressentiments, des Hasses und des Zynismus, in der Freundlichkeit trivialisiert und abgewertet wird. Sentimentalität ist ein Kapitalverbrechen; politische Korrektheit ist verpönt, während Zynismus cool ist« (Baccolini 2017: 32).

Anders als Baccolini erkennt der spanische Journalist und Regisseur David Trueba (2018) Sentimentalität überall und zeigt sich darüber im Gegensatz zu Baccolini besorgt. Ihm zufolge leben wir in einem Zeitalter der Sentimentalitäten. Es ist ihm wohl recht zu geben – Baccolini aber auch. Es stimmt, dass« Zynismus cool ist«, aber das Gegenteil von Zynismus ist nicht politische Korrektheit und Sentimentalität. Im Gegenteil, zynisch erscheinen auch Aussagen, die politische Korrektheit fordern – egal mit welchen Mittel und Konsequenzen. Wenn beispielsweise Menschen protestieren, weil zu wenig gegen den Klimawandel unternommen wird und dabei Menschen zu Schaden kommen, so ist es zynisch, dies als notwendigen Kollateralschaden zu entschuldigen. Ebenso gilt es, den Unterschied zwischen Empathie und Sentimentalität nicht zu verwischen. Ein Fehler, den Baccolini in ihrem Text begeht. Freund*innenschaft sollte frei von Dogmen und Sentimentalitäten sein, aber auch von Zynismus. Es ist der Raum, in dem nicht das Entweder-Oder regiert, sondern nach dem Wie-Noch gesucht werden kann. Empathie ist hier ebenso entscheidend wie die Bereitschaft zuzuhören und für die Anderen Sorge zu tragen.

Das erinnert uns an das provokante Manifest von Johanna Hedva *A Sick Women Theory* (2016). Hedva schlägt in diesem vor, die *kranke Frau (sick women)* als Identität zu lesen, die jeder*jedem zugeschrieben wird, der*die im Kapitalismus durch Pflege definiert wird, entweder weil wir in der Pflege tätig sind oder von Pflege abhängig sind. Eine Identität, die wir ganz unabhängig von unserem Geschlecht haben. Pflege, so Hedva, feminisiert alle, die damit in Berührung kommen. Wer pflegt und wer der Pflege bedarf gilt als schwach und verletzlich. Eine Person, die andere pflegt gilt, gleich einer Person, die gepflegt wird, im Kapitalismus als unproduktiv und als Belastung. Sie verbrauchen Ressourcen und sind nicht produktiv und damit eben ›wertlos‹. Unsere ableistische Gesellschaft ist nicht in der Lage Pflege als etwas produktives zu sehen. In Hedvas Analyse ist die Feindlichkeit gegenüber den nicht-normativen Körper eine Ideologie, die Subjekte in wertvoll und ›wertlos‹ einteilt.

> »Der antikapitalistischste Protest besteht darin, für andere zu sorgen und für sich selbst zu sorgen. Die historisch weiblich geprägte und daher unsichtbare Praxis des Pflegens, Versorgens, Kümmerns zu übernehmen. Die Verletzlichkeit, Zerbrechlichkeit und Prekarität der anderen ernst zu nehmen und sie zu unterstützen, zu ehren und zu stärken. Sich gegenseitig zu schützen, Gemeinschaft zu leben und zu praktizieren. Eine radikale Verwandtschaft, eine voneinander abhängige Sozialität, eine Politik der Fürsorge.
> Denn wenn wir erst einmal alle krank und ans Bett gefesselt sind, unsere Geschichten über Therapien und Tröstungen austauschen, Selbsthilfegruppen bilden, uns gegenseitig unsere Traumata bezeugen, der Pflege und Liebe unserer kranken, schmerzenden, teuren, sensiblen, fantastischen Körper Priorität einräumen und niemand mehr zur Arbeit geht, dann wird der Kapitalismus vielleicht endlich zu seinem dringend benötigten, längst überfälligen und verdammt glorreichen Ende kommen.« (Ebd.)

Hedva beschreibt hier eine normative Gewalt, die jene ausgrenzt, deren Körper nicht der Norm entsprechend produktiv sind. Freund*innenschaft wird hier gekoppelt an eine positive und affirmative Annäherung an Pflege und Sorge.

Hannah Arendts Schriften werfen die Frage auf, wie mit dem Wissen um Gewalt umzugehen sei. Ihre Schriften, *Elemente und Ursprünge totaler Herrschaft* (1951), aber auch *Eichmann in Jerusalem. Ein Bericht über die Banalität des Bösen (1963)* suchen gewissermaßen das, was uns Menschen unbedingt *auch* ausmacht: die Potentialität des Bösen. Als Menschen sind wir alle potentiell zur Boshaftigkeit - und damit Gewalt - fähig. Wir betrügen, lügen, hintergehen, manipulieren und sind auch dazu fähig zu morden, Genoziden zuzustimmen oder passiv zu begleiten. Der Wille zur Herrschaft und die unendlichen Manöver, die Menschen erlernen, um sich durchzusetzen, machen es manchmal schwer, zuweilen gar unmöglich, lange und befriedigende Freund*innenschaften zu leben oder an diese zu glauben. Doch ist es gerade die Freund*innenschaft, die uns die Möglichkeit bietet, das Gute herauszubilden, das Böse zu zähmen. Während des Nationalsozialismus waren Freund*innenschaften zwischen jüdischen und nichtjüdischen Menschen, die nicht am verordneten Hass scheiterten, sondern sich widerständig zeigten, Beziehungen, die wie Wunder anmuten. Während die einen behaupteten, dass Widerstand nicht möglich gewesen wäre, bewiesen diese Freund*innenschaften das Gegenteil. Es war durchaus möglich sich dem Hass entgegenzustellen. In Arendts Aufsatz *Gedanken zu Lessing. Von der Menschlichkeit in finsteren Zeiten* (2018) schreibt sie, u.a. über die Möglichkeit von Freund*innenschaft zwischen Juden*Jüdinnen und nicht-jüdischen Deutschen während des Nationalsozialismus:

> »So wäre es unter den Verhältnissen des Dritten Reiches im Falle einer Freundschaft zwischen einem Deutschen und einem Juden nicht ein Zeichen von Menschlichkeit gewesen, wenn die Freunde gesagt hätten: Sind wir nicht beide Menschen? Damit wären sie in der Wirklichkeit und der ihnen damals gemeinsamen Welt bloß ausgewichen; sie hätten sich nicht in der Verborgenheit und auf der Flucht vor ihr gegen sie gestellt. Im Sinne einer Menschlichkeit, welche die Wirklichkeit nicht wie den Boden unter den Füßen verloren hat, nämlich

> einer Menschlichkeit inmitten der Wirklichkeit der Verfolgung, hätten sie schon sagen müssen: ein Deutscher und ein Jude, und Freunde. Wo immer aber eine solche Freundschaft damals (natürlich nicht etwa heute!) gelang und in Reinheit, das heißt ohne falsche Schuldkomplexe auf der einen und ohne falsche Überheblichkeit oder Minderwertigkeitskomplexe auf der anderen Seite, durchgehalten wurde, war in der Tat ein Stück Menschlichkeit in einer unmenschlich gewordenen Welt verwirklicht worden« (Arendt 2018: 74f.).

Freund*innenschaft zwischen zu Ungleichen gemachten in finsteren Zeiten, in denen die einen dehumanisiert wurden und von Vernichtung bedroht waren, während die anderen zu (Mit-)Täter*innen wurden, war, soweit dies tatsächlich gelang, Menschlichkeit. Selten genug war dies der Fall. Freund*innenschaft kann sich Macht und Herrschaft entgegenstellen und eine andere Ordnung befördern – selbst oder gerade in »finsteren Zeiten«, um eine Beschreibung Arendts zu verwenden. Freund*innenschaft bringt Arendt in einen Zusammenhang mit Menschlichkeit. Anders als vielleicht gemeinhin gedacht lehnt sie sich dabei an frühere Generationen an, für die, laut Arendt, ein Leben ohne Freund*innen kein wahres Leben war. Dabei ging es nicht um den instrumentellen Wert einer Freund*innenschaft. Dass Menschen da sind, wenn es uns schlecht geht, ist wichtig, aber Freund*innenschaft beweist sich ebenso in der Fähigkeit, die Freuden der anderen teilen zu können (ebd.: 75). In einer kapitalistischen Welt, die den Wettbewerb als Antriebsmotor für Fortschritt beschreibt, ist das Mitfreuen zumeist von Neid überlagert. Vielleicht ist es ja nie zuvor so schwierig gewesen, Menschen zu finden, die sich über den Erfolg der anderen freuen, ohne dass sie sogleich von Gefühlen des Neids überrollt werden. Wahre Freund*innen sind darum für Arendt »eher diejenigen, vor denen wir uns nicht scheuen, ein Glück zu zeigen, und auf deren Mitfreude wir zählen« (ebd.).

Daneben – eigentlich ergänzend dazu – beschäftigt sich Arendt mit Ethik und Fragen der Liebe. Freund*innenschaften waren

Arendt Zeit ihres Lebens sehr wichtig. Es war ihr wichtig diese zu leben und zu pflegen. Freund*innenschaft war auch »mehr als eine intime Angelegenheit, sie hatte eine politische Dimension«. Freund*innenschaft sei, so Arendt, ein Gespräch, das einer gemeinsamen Welt gelte (ebd.: 76).[11] Nicht die Intimität ist das eigentliche Kennzeichen der Freund*innenschaft, sondern eben der Austausch im Gespräch. »Im Gespräch«, so Arendt, »manifestiert sich die politische Bedeutung« derselben. Es manifestiert sich aber auch, die ihr eigene Menschlichkeit, »weil dies im Gespräch (...), so sehr es von der Freunde an der Anwesenheit des Freundes durchdrungen sein mag, der gemeinsamen Welt gilt« (ebd.) Eine Welt, so ihre Ansicht, bleibt unmenschlich, wenn sie »nicht dauernd von Menschen besprochen wird.« (ebd.: 76-77)

Nicht alle ihr Freund*innenschaften haben ihre streitbaren Schriften überstanden. Gershom Scholem bspw. hat ihr das Buch *Eichmann in Jerusalem: Ein Bericht von der Banalität des Bösen* (2006), wie viele andere auch, übelgenommen und ihr ihre lange Freund*innenschaft aufgekündigt (Sholem/Arendt 2010). Erneut zeigt sich, dass Freund*innenschaften fragil sind. Sie überstehen nicht jede Meinungsverschiedenheit oder Krise. Diese ihr innewohnende Prekarität macht Freund*innenschaft paradoxerweise zu einem wichtigen politischen Instrument. Freund*innenschaft ruft nach einer Sorge um sie und ebenso danach herausgefordert und getestet zu werden.

Foucault beleuchtet diese Kraft von einer anderen Perspektive. In seinen Auseinandersetzungen mit der Praxis der Parrhesia, die wir bereits erwähnten, bemerkt er, dass eine wirkliche Freund*innenschaft sich darin erweist, dass sie zu jeder Zeit die Wahrheit aushält, ja, sie zur Pflicht macht.

---

11 Siehe auch die Webdoku »Hannah Arendt. Ein Genie der Freundschaft«, https://webdoku.rbb-online.de/hannah-arendt-ein-genie-der-freundschaft#246159 (letzter Aufruf, 29.09.2022).

Auch Judith Butler beschäftigt sich mit Möglichkeiten der Allianzbildung über eine geteilte Identität hinaus. In ihrem Buch *Frames of War: When Is Life Grievable?* (2009) schlägt Butler eine neue Form der Artikulation politischer Kollektive und ihres gemeinschaftlichen Selbstverständnisses vor. Ausgangspunkt von Butlers Überlegungen waren die Kriege im Irak und Afghanistan, die mediale Präsentation ihrer Opfer sowie die damit einhergehende ungleiche Wertigkeit des menschlichen Lebens, die in den Repräsentationen deutlich wurde. Butler eröffnet mit der Kritik dieser ungleichen Wahrnehmung und Behandlung menschlichen Lebens Fragen über eine allgemeine Inklusion und Exklusion und letztendlich auch über *Freund*in* und *Feind*in* auf der Ebene politischer Zusammenarbeit (vgl. Scott 2011).

Butlers Beanstandungen sind zugleich ein Appell, als Gesellschaft sowie als Individuen Verantwortung für jene Menschen(leben) zu übernehmen, die wir nicht kennen und deren Erfahrungen wir nicht teilen. Dabei soll es weniger um eine moralisch verankerte Verantwortung gehen als vielmehr um ein Verständnis von Humanismus, dessen normative Grundlage nicht schlicht die Gleichheit unter den Menschen, sondern auch und vor allem ihre Interdependenz, die gegenseitige Verbundenheit allen Lebens bildet. Aus dieser Logik heraus folgert Butler, dass alle Leben nicht nur das aller Menschen, sondern das aller Lebewesen beklagenswert sein sollten (Butler 2009: 28). Dies wird gerade angesichts des voranschreitenden Klimawandels und der damit einhergehenden Umweltkatastrophen umso nachvollziehbarer. Für Butler geht die Anerkennung unserer gemeinsamen Interdependenz mit dem Verständnis einer geteilten Prekarität einher, die sich nicht auf eine Region, eine gesellschaftliche Gruppe oder gar eine Spezies reduzieren lässt. Damit wird u.a. eine »robustere Universalisierung von Rechten« formuliert (ebd.: 28-29). Eine solche Perspektive verschiebt auch die allgemeine Vorstellung von

Gemeinschaft im Sinne politischer Allianzbildung. Allianzen sind damit nicht reduzierbar auf jene, die geteilte Erfahrungen und Ansichten voraussetzen. Communitys, die über die Anerkennung einer gemeinsamen Vulnerabilität, einer augenscheinlichen Interdependenz zusammenkommen, sind nicht exklusiv. Beziehungen, die wir in diesem Geiste zueinander pflegen, sind in unserem Verständnis von Relationalität nicht nur als Beschreibung von Verhältnissen, sondern als normative Grundhaltung verankert (Butler 2003: 16-17).

Welche Bedeutung hat solch eine normative Grundhaltung nun für unsere politische Praxis? Das Eingehen politischer Bündnisse findet weniger auf der Basis von Gleichheit in Form von geteilten Identitäten als vielmehr auf der Basis von Interdependenz, Vielfalt und Differenz statt. Der daraus hervorgehende Widerstand richtet sich u.a. gegen staatliche Gewalt und deren Ausbeutungsmechanismen, die prekäre Bedingungen hervorbringen. Eine

> »Koalition selbst erfordert ein Umdenken des Subjekts als ein dynamisches Gefüge sozialer Beziehungen. Bündnisse bilden sich nicht notwendigerweise zwischen etablierten und erkennbaren Subjekten, und sie hängen auch nicht von der Formulierung identitärer Ansprüche ab. Stattdessen können sie sehr wohl durch die Kritik an willkürlicher Gewalt, an der Beschneidung der öffentlichen Sphäre, am Machtgefälle durch vorherrschende Vorstellungen von »Kultur« und an der Instrumentalisierung von Rechtsansprüchen zum Widerstand gegen Zwang und Entrechtung angestoßen werden« (Butler 2009: 162).

Dafür ist in diesem Sinne keine Einigung in allen Fragen und der eigenen Positionierung notwendig. Vielmehr würde Widerstand, so Butler, in eine Bewegung eingebettet, die Konflikte und Antagonismen unter den Beteiligten aufrechterhält und sie als Teil einer radikalen Demokratie würdigt (ebd.: 48).

Auch für die Politikwissenschaftlerin Danielle Allen ist der Vorbildcharakter von Freund*innenschaft für die Fragen des politischen Miteinanders und der Demokratiegestaltung von Interesse. Für sie ist nicht die emotionale Dimension der Freund*innenschaft relevant, »sondern ihre Kernpraktiken«: Gleichheit und Gegenseitigkeit zwischen den Parteien bilden ihr zufolge den Kern der Freund*innenschaft. Dabei geht es weniger um eine Aufopferung des Eigeninteresses, als vielmehr um die Annahme des Interesses der Anderen als elementar für eine*n selbst: »Nur Freund*innen schaffen es, Rivalität in Gleichberechtigung umzuwandeln; wo immer eine solche Bekehrung stattfindet, werden Menschen zu Freund*innen« (Allen 2006: 137). Auf diese Weise wird Freund*innenschaft zu einer wertvollen Strategie für die Herstellung von Gerechtigkeit und somit als Modell für eine lebendige Demokratie. Für Allen ist zudem das nicht Hierarchische einer idealen Freund*innenschaft mit einem politischen Potential versehen, das Räume öffnet für eine Gegenseitigkeit, die auch hier nicht lediglich über Gleichheit, sondern über *Reziprozität* funktioniert: Also über die grundsätzliche Bereitschaft die aus einer Freund*innenschaft hervorgehenden Vor- und Nachteile gemeinsam und gleichberechtigt zu begegnen (Allen 2005: 48). So kann der ethische Maßstab für soziale Beziehungen darin bestehen, sich stets die Frage zu stellen, wie wir trotz Meinungsverschiedenheiten und Interessenskonflikten, die es durchaus auch in freund*innenschaftlichen Beziehungen geben kann, mit Freund*innen umgehen würden, und dies eben dann auf eine breitere Ebene gesamtgesellschaftlicher Beziehungsgeflechte übertragen (Allen 2004: 261).

Dabei ist Freund*innenschaft, wie gesagt, keine nur-emotionale Verbundenheit, sondern eine demokratische politische Praxis, die Strategien des Umgangs miteinander offenlegt, die trotz Differenzen im Interesse, Erfahrung, Identität und Charakter auf eine konstruktive Art und Weise funktionieren.

> »Freund*innenschaft beginnt mit der Erkenntnis, dass Freund*innen ein geteiltes Leben haben – kein ›gemeinsames‹ oder identisches Leben – nur eines mit gemeinsamen Ereignissen, Klimata, baulichen Umgebungen, Fixierungen der Vorstellungskraft und sozialen Strukturen« (Allen 2006: xxi).

Diese politische Praxis setzt die bewusste Entscheidung voraus, auf das Eigeninteresse zugunsten einer gegenseitigen Verantwortung, einer gemeinsamen politischen Entscheidungsfindung, zu verzichten. Dies wird jedoch nicht aus der Idee einer christlichen *Liebe deinen Nächsten* Grundsatz begründet, sondern vielmehr über die Akzeptanz der genannten Wechselseitigkeit unserer Existenz mit jenen, mit denen wir eine Regierung, eine Gesellschaft und letztlich unseren Alltag teilen (ebd.: 119). Für diese Grundhaltung bietet die Freund*innenschaft eine besonders gute Grundlage, lehrt sie uns doch, wie mit Verzicht auf unser Eigeninteresse Beziehungen aufbauen und aufrechterhalten werden können, die essentiell für unser Überleben sind (ebd.: 126).

Wie lassen sich nun die Grundprinzipien einer Freund*innenschaft als politische Praxis nach Allen zusammenfassen? Das erste Prinzip ist das der Gleichheit im Sinne des Verständnisses einer intrinsischen Gegenseitigkeit auf der Basis eines geteilten Lebens und Raums. Das zweite Prinzip ist eine Reinterpretation von Eigeninteresse weg von einem Verständnis davon als die Durchsetzung all unserer Präferenzen, Leidenschaften und Vorteile hin zu einer Haltung, die das eigene Interesse stets in einem *Konzert* aus Beziehungen, die wir mit anderen pflegen und der Verantwortung, die wir gegenseitig füreinander übernehmen, hervorgeht.

Letztendlich bieten diese Prinzipien die Grundlage für eine gerechtere demokratische Praxis. Sie bilden gewissermaßen die Quintessenz der »Weisheit der Freund*innenschaft«, die es nach Allen auf die Politik zu übertragen gilt (ebd.: 118).

Auch die Gedanken des Philosophen-Duos Antonio Negri und Michael Hardt zu sozialen Bewegungen und ihren Organisationsformen über Identitätspolitik hinaus, docken an diese Grundprinzipien an. So sprechen sie von der *Multitude* als eine fluide und hierarchiefreie Zusammenkunft von Menschen, die sich solidarisch miteinander, aber ohne das Teilen einer kollektiven Identität gegen globale Herrschafts- und Ausbeutungsstrukturen einsetzen (Hardt/Negri 2017: 35):

> »...eine Ebene von Singularitäten, eine offene Menge von Beziehungen, die nicht homogen oder mit sich selbst identisch ist und eine unbestimmte, umfassende Beziehung zu denjenigen hat, die außerhalb von ihr liegen« (Hardt/Negri 2000: 103).

Die Multitude ist in ihrem Kern egalitär und gleichzeitig plural. Es geht dabei nicht darum, sich an einem Ort aufzuhalten, die gleichen Ziele zu teilen oder der gleichen sozialen Bewegung zu entstammen. Zentral ist vielmehr der gemeinsame Wille zu kooperieren. Nicht das Subjekt des Widerstandes in seiner Einheitlichkeit, sondern die Herrschaft in ihren mannigfaltigen Ausformungen, gegen die sich der Widerstand richtet, steht im Zentrum der Entstehung eines gemeinsamen Kampfes (Hardt/Negri 2017: 69).

Wo wir auch unseren Blick ansetzen, immer wieder deuten unsere Auseinandersetzungen mit Freund*innenschaft in eine große Potentialität, die in Richtung einer gerechteren Welt weist, in der Pluralität, Vielstimmigkeit und Sorge für die Anderen bestimmend sind.

Wir enden unsere vorläufigen Gedanken zu Freund*inenschaft als politische Praxis mit einer Szene aus Saidiya Hartmans Buch *Wayward Lives, Beautiful Experiments* (2021), das den Leben »Riotous Black Girls, Troublesome Women and Queer Radicals« (wie es im Untertitel des Buches heißt) in den Großstädten der USA zum Ende des 19. Jahrhunderts folgt. Ein wunderbares Buch, das uns Einblicke in die Archive des »existing otherwise«

(ebd.: xvii) gewährt. Den Lesenden eröffnen sich Formen multipler Beziehungen in einem Kontext, der von ökonomischer Armut, rassistischer Gewalt, kreativem Reichtum und *endurance* (Durchhaltevermögen) angesichts einer traumatisierenden Geschichte und Gegenwart geprägt ist. Das letzte Kapitel beschreibt die vielen »Chöre« junger Schwarzer Frauen*, die sich in den Städten gründeten und deren Hoffen auf ein besseres Leben:

> »Die Körper sind in Bewegung. Die Gesten verraten, worum es geht – die Frage nach dem Leben kehrt als offene Frage zurück. Die kollektiven Bewegungen verweisen auf das, was uns erwartet, was noch nicht in Sicht ist, was sie vorwegnehmen – die Zeit und den Ort, der besser ist als hier; ein Blick auf die Erde, die niemandem gehört. Alles hängt also von ihnen ab und nicht von dem Helden, der im Mittelpunkt steht, sich rühmt und souverän ist.« (Ebd.: 349)

Freund*innenschaft als ethische Praxis umfasst immer auch das Noch-nicht, ein vages Hoffen, das nur entstehen kann, wenn es sorgende Räume des Verstehens gibt. David Scott (2017) hat dies in seiner Schrift zu Stuart Hall mittels der Konzepte ›attuned awareness‹ und ›receptive generosity‹ (›eingestimmte Aufmerksamkeit‹ und ›rezeptive Großzügigkeit‹) umschrieben. Eine Aufmerksamkeit, die sich auf das Spezifische einlässt und ein Aufnehmen, welches großzügig und geduldig ist. Eine Großzügigkeit, die sowohl gibt als auch empfängt und die sowohl spricht, aber auch sprechen lässt. Denn ist es nicht das Schweigen-können, das Nicht-sagen-müssen was wahrhaftige Freund*innenschaft ausmacht?

4 Schlussbetrachtungen: Freund*innenschaft in finsteren Zeiten

In der berühmten Performance von Marina Abramović *The Artist is Present* sitzt die serbisch-US-amerikanische Künstlerin über 736 Stunden und 30 Minuten lang unbeweglich im Atrium des MoMA in New York, während die Zuschauer*innen eingeladen sind, ihr abwechselnd gegenüberzusitzen. Die Arbeit wurde von Abramovićs Überzeugung inspiriert, dass die Ausdehnung einer Performance über die Erwartungen hinaus dazu dient, unsere Zeitwahrnehmung zu verändern und eine tiefere Auseinandersetzung mit den Alltags- und Lebenserfahrungen zu befördern. Schweigend saß sie zunächst an einem Holztisch (im Laufe der Performance verzichtete sie selbst auf den schützenden Tisch) gegenüber einem leeren Stuhl und wartete darauf, dass sich die Menschen abwechselnd auf den Stuhl setzten und ihr für ca. 2 Minuten in die Augen sahen. Fast drei Monate lang, acht Stunden am Tag, begegnete sie den Blicken von 1.000 fremden Menschen. Viele dieser Menschen wurden von dieser Begegnung zu Tränen gerührt. Vor der Performance gab es bei den Kurator*innen große Zweifel darüber, wer sich die Zeit nehmen würde, sich hinzusetzen, um der Künstlerin in die Augen zu schauen. Doch das erwies sich als Fehleinschätzung. Der Stuhl war nicht nur kontinuierlich besetzt, die Menschen standen Schlange und warteten stundenlang geduldig darauf, sich auf den Stuhl setzen zu dürfen. Abramović sprach danach von diesem unglaublichen Bedürfnis der Menschen, in Kontakt zu treten.[12]

Es gibt unendliche Möglichkeiten dieses Phänomen zu interpretieren. Uns scheint es naheliegend, dass sich hier tatsäch-

12 https://www.moma.org/learn/moma_learning/marina-abramovic-marina-abramovic-the-artist-is-present-2010/

lich ein starkes Bedürfnis nach Beziehung und Nähe äußerte, die selbst in Zeiten multipler Krisen so kostbare Zeit, sekundär erscheinen ließen. Die Menschen nahmen sich die Zeit, um der Künstlerin, aber auch sich selbst, zu begegnen. Stumm saßen sie vor ihr. Manche weinten, waren gerührt und erschüttert. Die Intensität der Beziehung, obschon nur von kurzer Dauer, ließ die Menschen eine unerträgliche Leere spüren, die sie zum Teil vorher so nie gespürt hatten. Wir alle suchen nach Beziehungen, bedürfen der Beziehungen. Wir sind, wie Butler bemerkt, auf die Anderen angewiesen. Und bleiben auf diese angewiesen, wollen wir ein lebenswertes Leben führen. Diese Abhängigkeit lässt sich nicht aufheben. Eine Abhängigkeit, die auch immer Gefahr läuft, zur Unterwerfung zu geraten (Butler 2015: 21). Beziehungen sind deswegen immer prekär, bedürfen der Bearbeitung und Sorge. Sie sollten weder in einem Schweigen münden, wie Rich warnt, aber auch nicht in Geschwätzigkeit ausarten, wie Foucault andeutet. Freund*innenschaften sind wechselhaft und bedürfen der Geduld, *kindness* und eines permanenten sorgenden Ausbalancierens.

Freund*innenschaften schaffen dann auch außerhalb der Welt der Kunst und Ästhetik die Möglichkeit, Raum und Zeit neu zu entdecken. Die gemeinsam verbrachte Zeit ist so wichtig, dass sie nicht gezählt wird und auch kaum Konkurrenz befürchten muss. Es entsteht eine ganz eigene Raum-Zeitlichkeit. Das Zusammensein eröffnet neue Räume des Denkens, Fühlens und Empfindens. Es schickt uns auf eine poetische Reise, in der Vergangenheit und Zukunft im gelebten Moment verschmelzen. Eine gelebte Freund*innenschaft stellt sich potentiell auch jenem Trennungswahn entgegen, der kennzeichnend ist für die imperiale Gesellschaft.

Gleichzeitig machen uns Freund*innenschaften robust für das, was auch zum Menschsein gehört, nämlich die Einsamkeit. Die französisch-marokkanische Schriftstellerin Lëila Slimani vertritt die Ansicht, dass wir lernen müssen, diese Einsamkeit aushalten zu können. Es bleiben immer Reste, die wir beim Anderen nicht verstehen werden, ganz gleich wie stark wir uns bemühen.[13] Umgekehrt bedeutet es, dass niemand uns wirklich ganz verstehen kann. Vielleicht ist es die wahrhaftige Freund*innenschaft, die uns am nächsten in das Verstehen der Anderen eintauchen lässt. Doch plädiert die Autorin auch für ein Recht auf das Geheimnis, selbst in Freund*innenschaften (wie auch Liebesbeziehungen). Die totale Transparenz ist ihrer Meinung nach ein Kennzeichen von Diktaturen und diktatorischen Beziehungen. Eine Freund*innenschaft ist gekennzeichnet durch Vertrauen, die eben auch die Möglichkeit, Geheimnisse haben und bewahren zu können, mitdenkt. Sie entzieht sich der Norm einer absoluten Transparenz.

Freund*innenschaften sind vielfältig und in diesem Essay, in dem wir zahlreiche Ideen zusammengebracht haben, finden sich unendliche Leerstellen. Wir verstehen die Leerstellen als Ansporn zu einem Weiterdenken: Was ist etwa mit der Freund*innenschaft im Imaginären? Was ist mit unserer Zuneigung zu konkreten Romanfiguren und Personen im Film? Die Möglichkeit, sich mit Personen im Roman und Film zu identifizieren, eröffnet neue fantastische Möglichkeiten des Lebens und damit Denkens und Fühlens. So können wir in den Erzählungen unsere Leben anders führen und mit den Figuren eines Romans Freund*innenschaften eingehen, die uns das Leben außerhalb der Bücher womöglich versperrt. Sie können uns helfen, uns neu zu denken und unserem Leben eine neue Orientierung zu geben.

Und ja, ist Freund*innenschaft nur eine reine Mensch-zu-Mensch Beziehung (imaginiert oder real), oder wäre dies nicht

---

13 Siehe Leïla Slimani über Sex, Gewalt und Freiheit bei *Sternstunde Philosophie* vom 28.11.2021.Online: https://www.srf.ch/kultur/literatur/gespraech-mit-leila-slimani-einsamkeit-gehoert-zum-menschsein (letzter Aufruf 4.12.2022).

eine eurozentrische Sichtweise, die enge Beziehung zwischen Pflanzen und Tieren, Tieren und Menschen, Wasser und Menschen etc. nicht mitdenken kann? Melanie Yazzie und Cutcha Risling Baldy, zwei Native American Wissenschaftler*innen sprechen beispielsweise über die Beziehung indigener Communitys vis-à-vis der Erde, der Flora und Fauna und des Wassers. »Die Red Nation«, schreiben sie, »arbeitet nach einer Ethik der Sorge-um und glaubt, dass ein revolutionärer Kampf die Pflege von Menschen, Land, Wasser und Ahnenkindern erfordert, wo und wann immer sie Schutz benötigen« (Yazzie/Baldy 2018: 9). Das Denken einer Beziehung zu Land, Wasser und den Ahnen erweitert die Idee der Freund*innenschaft. In unserer Imagination muss sie nicht Enden an den Körper uns gegenüber, sondern kann diese überschreiten. Wir können Freund*innenschaften mit jenen leben, die längst nicht mehr unter uns weilen, wie die Freund*innenschaft zu Tieren und Pflanzen, wenn auch immer noch oft belächelt, dieselbe Intensität haben kann, wie die zwischen zwei Menschen. Eine Beziehung getragen von Vertrauen und eines Sich-verpflichtet-Fühlens für. Der bengalische Film *Sati*[14] von der feministischen Filmemacherin Aparna Sen aus dem Jahr 1989 spielt in einem indischen Dorf im Jahr 1828. In dem Film heiratet das taube Brahminmädchen* Uma einen Baum, um ihrem Schicksal zu entkommen. Das Horoskop der Waisen sagt nämlich voraus, dass sie in jungen Jahren Witwe werden wird und das würde bedeuten, dass sie dann sehr jung als Witwe Sati (suttee) werden würde, d.h. gemeinsam mit ihrem toten Ehemann verbrannt würde. Aber der Banyanbaum rettet sie nicht nur, sondern es entwickelt sich auch eine innige Beziehung. Die Geschichte ist angefüllt mit Unerklärbaren und es bedarf eines Kontextwissens, um die Dichte der Anspielungen und die spe-

14 Der Film basiert auf einer Geschichte des bengalischen Autors Kamal Kumar Majumdar.

zifische Intertextualität verstehen zu können. Wir erwähnen diese Geschichte hier lediglich als ein Beispiel für die Potentialität über Menschen hinausgehender Freund*innenschaften. Ein Beispiel für unendlich viele Filme, Romane, Gedichte und Erzählungen, in denen Menschen innige Freund*innenschaften zu Tieren, Steinen oder dem Gras aufbauen.

Wir haben zu Beginn unseres Essays mit der Reflexion bereits bestehender Begriffe um die Zusammenarbeit im Kontext politischer Praxis feststellen können, dass diverse Vorstellungen von Beziehungen im politischen Aktivismus schon immer ein Feld von Debatten war. Zeitgleich mit der Entstehung sozialer Bewegungen von Feminismus bis hin zu antirassistischen Kämpfen und politischen und sozialen Revolutionen ging es stets darum, mit wem, wie und auf welcher Basis zusammengearbeitet werden kann.

Wir haben von dieser Feststellung ausgehend unseren Begriff von Freund*innenschaft als politische Praxis in der Form eines Dreiklangs zu schärfen versucht. Politische Freund*innenschaften drücken sich nicht nur häufig in Poesie als bevorzugtes Medium aus. Wir verstehen sie selbst als poetische Beziehungen, da diese, ähnlich wie Gedichte die soziale Grammatik irritieren und sich nicht daran halten. Sie durchkreuzen zudem gesellschaftliche Regeln und gehen über sie hinaus. Freund*innenschaften haben aber auch eine erotische Komponente. Sie schaffen Intimität, erlauben Zärtlichkeit und erwecken Begehren. Genauso wie Freund*innenschaften im Allgemeinen rigide Vorstellungen über kategorisierte Beziehungen wie Ehe, sexuelle Begegnungen, platonische Beziehungen etc. sprengen, können Freund*innenschaften im Kontext politischer Praxis Identitäten wie Klasse, Alter und Geschlecht hinter sich lassen und den Prozess der gemeinsamen Handlungsmacht und der wechselseitigen Beziehungsarbeit ins Zentrum stellen. Dazu bedarf es allerdings einer gemeinsamen Ethik, die das abschließende Element unseres Dreiklangs darstellt. Die Ethik politischer Freund*innenschaft besteht aus der Anerkennung einer Gleichheit aller Lebewesen, die in der Interdependenz unserer Existenz wurzelt. Aus der Akzeptanz dieser gegenseitigen Verbundenheit resultiert auch eine neue differente Bedeutung unserer partikularen Interessen, die es zu überschreiten gilt. Freund*innenschaften verstehen wir als einen immer singulären Prozess des aktiven Engagements. Es sind Beziehungen, die wir zueinander pflegen, und die unserer Sorge und Pflege bedürfen.

Freund*innenschaften sind im Gegensatz zu familiären Beziehungen frei gewählte Verbindungen. Sie sind weder institutionalisiert, noch folgen sie ökonomischen Zwecken. Politische Allianzen, die wir im Geiste freund*innenschaftlicher Beziehungen eingehen, können ähnliche Merkmale aufweisen. Sie sind nicht geprägt von einem institutionellen Charakter, sie funktionieren nicht wie Parteien oder Vereine. Sie haben kein eigentliches Ziel, sondern bauen Beziehungen auf, die den Prozess der Beziehungsarbeit selbst ins Zentrum des Miteinanders stellen. Ähnlich wie das, was Foucault in Zusammenhang mit der Ausübung der Parrhesia, der freimütigen Rede, beschreibt, geht es im politischen Prozess der Freund*innenschaft darum zu erkennen, wo Wandel nötig ist, und wie er erreicht werden kann. Es geht darum, Interdependenzen zu erkennen, unsere Fragilität hinzunehmen und herauszuarbeiten, welche Unterschiede wir wie nutzen können, um einen sozialen Wandel voranzutreiben. Freund*innenschaften können durchaus als Alternative zur einer identitätspolitischen Perspektive verstanden werden – oder als eine irritierende Ergänzung.

Eine Praxis der Freund*innenschaft zelebriert den Konflikt nicht, umgeht diesen aber auch nicht. Konflikte werden nicht als bedrohlich erachtet, sondern als notwendige Phasen einer Freund*innenschaft.

Politisch betrachtet, weisen Freund*innenschaft auf den Moment der Allianzbildung, die über partikulare Identitäten und Erfahrungen der Marginalisierung hinausreichen und einen geteilten Zeit-Raum. Politische Allianzen sind gerade, weil sie prozessual sind, auch nicht davon getragen, Konsens zu erreichen – sie bleiben im Kern experimentell und instabil. In Momenten, in denen sie notwendig sind, können sie spontan eingegangen werden und sich auch wieder auflösen. Wie es auch manchmal in Freund*innenschaften zugeht, die gelegentlich intensiver geführt werden, in anderen Zeiten von Distanz geprägt sind und wieder anderen Fällen sich vollständig auflösen. Nichtsdestotrotz haben sie in den Zeiten, in denen sie existiert haben, beide Seiten bereichert und eine einzigartige Sphäre der Verbundenheit geschaffen. Politische Praxis muss immer wieder versuchen, die Singularität der Freund*innenschaft nachzuempfinden und aus ihnen eine politische Kraft zu schöpfen, die gerade in Zeiten dauernder Hassreden, Denunziation und Abschottungen wichtiger denn je erscheint.

Freund*innenschaften sind ein Abenteuer: Sie beginnen zumeist unverhofft und können auch unverhofft enden. Doch sie tragen in sich die Hoffnung, der jede auch noch so kleine politische Revolte bedarf: die Hoffnung auf ein anderes, besseres Leben.

Nachwort …

Ein Nachwort nach dem Schlusswort zeigt an, dass Gedanken niemals an ihr Ende kommen (sollten). Wenn wir aufhören zu denken, hören wir auf zu fühlen. Den Mut und die Kraft aufzubringen, das Komplexe verstehen zu wollen, ist kein einfaches Unterfangen. Wie oft begnügen wir uns damit, die Dinge einfach stehen zu lassen? Es scheint zu anstrengend, den Dingen auf den Grund zu gehen. Es ist nun unsere Ansicht, dass Solidarität kein Gefühl ist, sondern eine Handlung und eine Haltung. Und zwar eine Handlung und eine Haltung, die der Denkarbeit bedürfen. Wir müssen dafür in diesen inneren Dialog mit uns gehen, der uns in emotionale Unwägbarkeiten führen wird. Denken ist Arbeit und wenn diese schweißtreibende Arbeit sich mit Empathie verbindet, so sind Daseinsformen möglich, die eine planetarische Zukunft vielleicht möglich machen.

In seinem Buch Capitalist Realism: Is There No Alternative? bemerkt Mark Fisher (2009), dass die Fähigkeit zur Imagination heute stark eingeschränkt ist. Anders gesagt: Es fällt uns schwer, uns eine Gesellschaft vorzustellen, die eine Alternative zum gegenwärtigen kapitalistischen und menschenverachtenden System darstellen könnte; eine Gesellschaft, die nicht nur Effizienz und Klarheit verlangt und Wettbewerb und Rache zu ihrem Prinzip erhöht, sondern eine Gesellschaft, die das Scheitern zulässt, ja, einübt. Freund*innenschaften bilden einen Rahmen, in dem dieses Scheitern eingeübt werden kann. Wenn wir eine*n Freund*in wegen politischer Differenzen verlieren, deutet das darauf hin, dass unserer Empfindungsleben im Argen liegt. Freund*innenschaft muss in der Lage sein, gerade in Zeiten der Krise, auszuhalten und zu halten. Sie ist die Brücke über unwägbares, vermintes Gelände. Es stimmt, unsere politischen Überzeugungen beeinflussen die Art der Freund*innenschaften, die wir pflegen und unsere Vorstellung von Freund*innenschaft prägen unsere politischen Handlungen und Entscheidungen. Politik und Freund*innenschaft sind tief miteinander verwoben. Und weil dies so ist, bilden Freund*innenschaften einen wichtigen Kern unserer Gesellschaft.

Wir leben in einer Zeit von Verwerfungen: »Wir leben in einer Zeit extrem akuter kolonial-kapitalistischer und neoliberaler Gewalt gegen das Vermögen sozialer Reproduktion auf menschlicher und mehr-als-menschlicher Ebene (gegen die Nachhaltigkeit des Lebens), die das ökologisch-körperliche Wissen darüber zerstört, wie wir gemeinschaftlich leben und überleben können.« (Kunst 2023, S. 135f.) Eine der Konsequenzen davon ist, dass wir permanent Angst haben: Angst uns festzulegen, Angst zu sprechen, Angst Vertrauen aufzubauen, Angst zu denken und Angst zu fühlen. Die Empathielosigkeit ist eines der begleitenden Symptome dieses Zustandes. Gerade jetzt benötigen wir das, was Audre Lorde (2000/1980) als die heilende Kraft von Freund*innenschaften bestimmt hat. Denn wir sind in der Tat unbedeutsam, und ersetzbar – selbst wenn uns die Sozialen Medien zuweilen was anderes vorgaukeln. Wir sind alle nur zu Gast. Das Leben ist eine Aneinanderreihung von Momenten. Unser Sprechen ist ephemere: Es ist wie Schaum auf den Wellen des Meeres. Und doch ist Verständigung, das Aufbauen von Nähe, der Versuch sich mitzuteilen wichtig, wenngleich nur dann sinnvoll, wenn es supplementiert wird vom tätigen Zuhören. Zuhören ist vielleicht die schwierigste Tätigkeit überhaupt. Sie verlangt Zurückhaltung, Konzentration und ein Aushalten-können. Wer zuhört hält die Widersprüche im Gehörten aus und lässt sich ein auf das Gehörte. Zuhören kann langweilig sein, kann irritierend und verstörend sein. Byung-Chul Han (2023, S. 21) bemerkt, sich auf Walter Benjamin beziehend, dass das Erzählen und Lauschen sich gegenseitig bedingen. »Wer lauscht, ist selbstvergessen, versenkt sich ins Gehörte.« Doch, so Han: »Die Gabe des Lauschens kommt uns immer mehr abhanden. Wir produzieren uns, wir belauschen uns, statt uns selbstvergessen dem Lauschen hinzugeben.« (ebd.)

Freund*innenschaften können diese wichtigen Augenblicke der Selbstvergessenheit herstellen. Wir können hier lernen zu lauschen und nicht nur zu diskutieren. Es sind diese Augenblicke des Lauschens, die uns dazu befähigen in den notwendigen politischen Debatten, die Worte wohl zu setzen, uns Gehör zu verschaffen, ohne das Gegenüber unnötigerweise zu verletzen. Freund*innenschaften sind Räume des ethischen Lernens. In Freund*innenschaften wird wie in der Poesie keiner Grammatik gefolgt, gerade deswegen ermöglichen sie die Einübung ethischer Grenzen. Hier, so denken wir, ist es möglich unser sorgendes Selbst aufzubauen. Freund*innenschaften sind kein verkitschter Raum, sondern ein Raum in dem wir auch lernen Dinge über uns zu hören, die uns zunächst schockieren mögen. Kritik an unserem Tun, gerade dann, wenn es doch gut gemeint war, ist erschütternd.

Als politische Praxis können Freund*innenschaften uns aufbauen, so dass wir nicht einknicken, wenn andere uns zeigen, dass sie uns verachten. Freund*innenschaften sind heilende Netzwerke, aber auch Räum des Einübens. Hier können »neue ästhetische, poetische, existentielle Ausdrucksformen«, eingeübt werden, von den Bojana Kunst (2023, S. 138) in ihrem Buch Das Leben der Kunst spricht.

Je mehr Krisen wir zu bewältigen haben, je weniger Zeit wir zu haben glauben, desto mehr sind Freund*innenschaften notwendig. Hier können wir denken, Fehler machen und uns berauschen an den pluralen Möglichkeiten des Denkens und Fühlens: verrückt, unanständig und gewagt.

Literatur

Akay, Ali (2013). Die Praktik des Gezi Parks. In: Springerin, 19(4), S. 43.

Allen, Danielle (2004). A multilingual America? In: Soundings: An Interdisciplinary Journal, *87*(3/4), S. 259-280.

Allen, Danielle (2005). Invisible citizens: Political exclusion and domination in Arendt and Ellison. Nomos: Am. Soc'y Pol. Legal Phil., 46, S. 29.

Allen, Danielle (2006). Talking to strangers. Anxieties of citizenship since brown v. board of education. In: Labyrinthe, 23, S. 47.

Anzaldúa, Gloria (1987). Borderlands/La frontera: The new mestiza. San Francisco: Aunt Lute Books.

Arendt, Hannah (2006). Eichmann in Jerusalem: Ein Bericht von der Banalität des Bösen. München: Piper.

Arendt, Hannah (2018). Freundschaft in finsteren Zeiten: Die Lessing-Rede mit Erinnerungen von Richard Bernstein, Mary McCarthy, Alfred Kazin und Jerome Kohn (Vol. 131). Berlin: Matthes & Seitz.

Baccolini, Raffaella (2017). Kindness and solidarity as political acts. In: de genere. Rivista di studi letterari, postcoloniali e di genere, 3.

Bayramoğlu, Yener & Castro Varela, Maria do Mar (2021). Post/pandemisches Leben: eine neue Theorie der Fragilität. Bielefeld: Transcript Verlag.

bildungsLab* (2021). Bildung. Ein postkoloniales Manifest. Münster: Unrast.

Bloch, Ernst (1993/1959). Das Prinzip Hoffnung (3 Bde.). Frankfurt a.M.

Suhrkamp.

BR24Kultur. Kunstkollektiv Taring Padi: ›Ein Fehler bleibt ein Fehler‹ am 06.07.2022, https://www.br.de/nachrichten/kultur/kunstkollektiv-taring-padi-ein-fehler-bleibt-ein-fehler,TAoGPlG (letzter Aufruf, 21.10.2022)

Butler, Judith (1990). Gender trouble: Feminism and the Subversion of Identity. New York: Routledge.

Butler, Judith (2003). Violence, mourning, politics. In: Studies in Gender and Sexuality, 4(1), S. 9-37.

Butler, Judith (2003). Kritik der ethischen Gewalt. Adorno-Vorlesungen 2002. Berlin: Suhrkamp.

Butler, Judith (2009). Frames of war: When is life grievable? New York: Verso Books.

Butler, Judith (2015). Notes toward a performative theory of assembly. Cambridge: Harvard University Press.

Castro Varela, María do Mar (2023). Bildung der Massen. Hegemonietheoretische Überlegungen. In: dies., Jan Niggemann & Natascha Khakpour (Hg.). Hegemonie bilden. Pädagogische Anschlüsse an Antonio Gramsci. Weinheim: Beltz-Juventa.

Castro Varela, María do Mar (2007). Unzeitgemäße Utopien. Migrantinnen zwischen Selbsterfindung und Gelehrter Hoffnung. Bielefeld: Transcript Verlag.

Därmann Iris (2010). Theorien der Gabe zur Einführung. Hamburg: Junius.

Ernaux, Annie (2020). Die Scham. Berlin: Suhrkamp.

Woodly Deva et al. (2021). The politics of care. In: Contemp Polit Theory, 20(4), S. 890–925.

Evans, Julian (2016). The experiment of friendship: anarchist affinity in the wake of Michel Foucault (Doctoral dissertation).

Fisher, Mark (2010). Capitalist Realism: Is There No Alternative?. Winchester, UK: Zero Books.

Foucault, Michel (1984). Von der Freundschaft als Lebensweise: Michel Foucault im Gespräch. Berlin: Merve-Verlag.

Foucault, Michel (2005). Dits et Ecrits. Schriften in vier Bänden. Band IV, 1980–1988. Berlin: Suhrkamp.

Glissant, Édouard (2005). Kultur und Identität. Ansätze zu einer Poetik der Vielheit. Heidelberg: Wunderhorn.

Glissant, Édouard (2021). Philosophie der Weltbeziehung. Poesie der Weite. Heidelberg: Wunderhorn.

Han, Byung-Chul (2022). Vita Contemplativa oder von der Untätigkeit. Berlin: Ullstein.

Hardt, Michael & Negri, Antonio (2000). Empire. Cambridge: Harvard University Press.

Hardt, Michael & Negri, Antonio (2017). Assembly. Oxford: Oxford University Press.

Hartman, Saidiya (2021). Wayward Lives, Beautiful Experiments. Intimate Histories of Riotous Black Girls, Troublesome Women and Queer Radicals. London: Serpent's Tail.

Hedva, Johanna (2016). A Sick Women Theory. Online: https://johannahedva.com/SickWomanTheory_Hedva_2020.pdf (letzter Aufruf 5.12.2022).

Honegger, Claudia & Heintz, Bettina (Hg.) (1981). Listen der Ohnmacht: Zur Sozialgeschichte weiblicher Widerstandsformen. Frankfurt a. M.: Europäische Verlagsanstalt.

hooks, bell (1986). Sisterhood: Political solidarity between women. Feminist Review, 23 (1), 125-138.

Kammler, Clemens, Parr, Rolf & Schneider, Ulrich Johannes (2014). Foucault Handbuch. Leben–Werk–Wirkung. Sonderausgabe. Stuttgart: JB Metzler.

Knott, Marie Luise & Heredia, David (Hg.) (2010). Der Briefwechsel: Hannah Arendt, Gershom Scholem. 1939-1964. Berlin: Suhrkamp.

Knupp-Rabe, Anna (1993). Für manche sind es Brüch, für uns Aufbrüche. Die Geschichte einer Berliner Prololesbengruppe. In: Ika Hügel et.al. (Hg.): Entfernte Verbindungen. Rassismus, Antisemitismus und Klassenunterdrückung. Berlin: Orlanda, S. 43-48.

Kunst, Bojana (2023): Das Leben der Kunst. Transversale Linien der Sorge. Wien u.a.: transversal text.

LeMaire, Kelly L., Miller, Melissa, Skerven, Kim & Nagy, Gabriela A. (2020). Allyship in the Academy Susan Bulkeley Butler Center for Leadership Excellence and ADVANCE Working Paper Series, 3(1), S. 6-26. Online: https://www.purdue.edu/butler/documents/Working%20Paper%20Series%20-%20Spring%202020%20Issue.pdf (letzter Aufruf 24.11.2022).

Lewis, George E., Mende, Doreen, Roberts, Matana & Thurman, Kira (2022). Resonating Struggles: Paul und Eslanda Robeson in Ost-Berlin. In: Broschüre zur Ausstellung »The Missed Seminar After Eslanda Robeson. In Conversation with Stve MCQueen's End Credits. Ausstellung 28. Oktober-30. Dezember 2022 im Haus der Kulturen der Welt Berlin, S. 38-49.

Lorde, Audre (2021/1978). Vom Nutzen der Erotik: Erotik als Macht. In: dies.: Sister Outsider. Berlin: Carl Hanser, S. 51-60.

Lorde, Audre (2021/1980). Alter, Race, Klasse und Gender: Frauen definieren Verschiedenheit neu. In: dies.: Sister Outsider. Berlin: Carl Hanser, S. 130-144.

Lorde, Audre (2021/1994). Die Quelle unserer Macht. Gedichte. Zweisprachige Ausgabe Englisch-Deutsch. Münster: Unrast.

Mackie, Suzanne, Wheale, Sarah Jane & Lowthorpe, Philippa (2020). Misbehaviour. Drama, Left Bank Pictures.

May, Todd (2012). Friendship in an age of economics: Resisting the forces of neoliberalism. Plymouth: Lexington Books.

de Montaigne, Michel (2015/1580). Über die Freundschaft. Essais. Köln: Anaconda.

Nietzsche, Friedrich (1878). Menschliches, Allzumenschliches. Online: https://www.gutenberg.org/cache/epub/7207/pg7207.html (letzter Aufruf 26.11.2022).

NiUnaMenos (2018). Amistad política + inteligencia colectiva. Documentos y Manifestos 2015/2018. La Plata: NiUnaMenos.

https://niunamenos.org.ar/wp-content/uploads/2018/12/amistad-poli%CC%81tica-inteligencia-colectiva-libro-num.pdf (letzter Aufruf, 21.10.2022).

Ott, Michaela (2018). Dividuations. Basingstoke, Hampshire: Palgrave Macmillan.

Phillips, Adam & Taylor, Barbara (2010). On Kindness. London: Penguin.

Piszczatowski, Paweł (2018). Heinrich Böll und Paul Celan. Zur Geschichte einer komplizierten Freundschaft. In: Renata Dampc-Jarosz & Paweł Zimniak (Hg.):

Politischen Konjunkturen zum Trotz. Heinrich Bölls Wirklichkeitsrepräsentationen. Göttingen: V&R unipress, S. 85-94.

Rancière, Jacques (2016). Politik und Ästhetik. Im Gespräch mit Peter Engelmann. Wien: Passagen.

Rich, Adrienne (1993/1976). Frauen und Ehre – Einige Gedanken über das Lügen. In: Audre Lorde/Adrienne Rich: Macht und Sinnlichkeit. Ausgewählte Texte hrsg. v. Dagmar Schultz. Berlin: Orlanda, S. 173-183.

Roach, Tom (2012). Friendship as a Way of Life. Foucault, AIDS, And The Politics of Shared Estrangement. New York: State University of New York Press.

Rothberg, Michael (2009): Multidirectional Memory. Remembering the Holocaust in the Age of Decolonization. Stanford: Stanford University Press.

Said, Edward (1993). Culture and Imperialism. London: Ghatto & Windus.

Scott, David (2017): Stuart Hall's Voice. Intimations of an Ethics of Receptive Generosity. Durham: Duke University Press.

Scott, Joan W. (2011). The provocations of enduring friendship. Columbia Journal of Gender and Law, 21(2), S. 430-442.

Sennett, Richard (2012). Together – The Rituals, Pleasures and Politics of Cooperation. London: Allen Lane.

Sennett, Richard (2004). Respect. The Formation of Character in an age of inequality. London/New York: Penguin.

Smith-Rosenberg, Carroll (1981). ›Meine innig geliebte Freundin!‹ Beziehungen zwischen Frauen im 19. Jahrhundert, in Claudia Honegger & Bettina Heintz (Hg.): Listen der Ohnmacht: Zur Sozialgeschichte weiblicher Widerstandsformen. Frankfurt a. M.: Europäische Verlagsanstalt, S. 241-276.

Spivak, Gayatri Chakravorty (1997). Achtung: Postkolonialismus! In: Peter Weibel & Slavoj Žižek (Hg.): Inklusion – Exklusion. Probleme des Postkolonialismus und der Globalen Migration. Wien: Passagen, S. 117–130.

Spivak, Gayatri C. (2012). An Aesthetic Eductaion in the Era of Globalization. Boston: Harvard University Press.

Susemichel, Lea & Kastner, Jens (Hg.) (2021). Unbedingte Solidarität. Münster: Unrast.

Tillmann-Healy, Lisa M. (2003). Friendship as Method. In: Qualitative inquiry 9(5), S. 729-749.

Trueba, David (2018): La tiranía sin tiranos. Barcelona: Anagrama.

Webb, David (2003). On Friendship: Derrida, Foucault, and the Practice of Becoming, Research in Phenomenology, 33(1), 119.

Yazzie, Melanie & Baldy, Cutcha Risling (2018). Indigenous Peoples and the Politics of Water. In: Decolonization: Indigeneity, Education & Society, 7(1), S. 1–18.

Autor*innen

María do Mar Castro Varela, Prof. Dr.
Diplom-Psychologin, Diplom-Pädagogin und promovierte Politikwissenschaftlerin ist Professorin für Allgemeine Pädagogik und Soziale Arbeit an der Alice Salomon Hochschule Berlin. Sie ist Gründerin und Mitglied des bildungsLab* (bildungslab.net) und Vorsitzende des Berliner Instituts für kontrapunktische Gesellschaftsanalysen. Sie arbeitet zu Fragen der Ethik, Erinnerung, Emanzipation und Wissensproduktion.

Bahar Oghalai, M.A.
Bahar Oghalai ist Sozialwissenschaftlerin und forscht zu Politisierungsbiografien migrantischer Feministinnen auf dem Iran und der Türkei an der Universität Koblenz-Landau. Sie ist außerdem wissenschaftliche Mitarbeiterin an der Alice-Salomon-Hochschule. Sie publiziert regelmäßig zu den Themen Feminismus und Migration mit einem besonderen Fokus auf die WANA-Region.

Purnima Vater &
Carolina Tamayo Rojas (Hg.)

Mothering

Subversive Fürsorge als radikale Praxis

resistance & desire #9
132 S. | 8,90 €
ISBN 978-3-89771-364-2

Katya Meyer &
Daniellis Hernandez Calderon

Das Morgen erinnern

Archive des dekolonialen Widerstands

resistance & desire #8
120 S. | 8,90 €
ISBN 978-3-89771-656-8

Farah Bouamar &
Nabila Bushra

Jenseits des Schreckens

Horror, Widerstand und Visionen

resistance & desire #7
112 S. | 8,90 €
ISBN 978-3-89771-402-1

Saboura Naqshband &
Trovania Delille (Hg.)

Art that Cares

resistance & desire #6
104 S. | 8,90 €
ISBN 978-3-89771-625-4

UNRAST Verlag | kontakt@unrast-verlag.de UNRAST